Optimal Levels!

PROJECT BOOK 2

ROBERT S. MURPHY

Deeper
Understanding
Books

All graphics and layouts by Robert S. Murphy
Optimal Levels! is based on CREAME pedagogy
(Consciousness Raising, Emotions Analysis, Manipulation, and Expression)

CREAME and *Optimal Levels!* designed by Robert S. Murphy

Copyright © 2010 by Robert S. Murphy
Deeper Understanding Books
1-6-12 Ongagawa, Onga-cho
Onga-gun. Fukuoka, Japan 811-4307

www.murphyschool.com

All rights reserved. No part of the material protected by this copy right notice may be reproduced or utilized in any form by any means, electronic or mechanical, including photocopying, recording, or by any information storage and retrieval system, without written permission from the copyright holder.

Printed in the United States of America

About this series

Welcome to the **OPTIMAL LEVELS!** series. This series is probably unlike any series of textbooks that you have encountered in the past. These textbooks have been designed to maximize student thinking and foster the construction of cognitive skills through the usage of the English language. This series is based upon my own research in *Mind, Brain, and Education* at Harvard University and my Master's research in TEFL/TESL at the University of Birmingham.

You will find no rote memorization tasks here -and there are no grammar boxes either! "Deeper Understanding" is really about the ability to solve puzzles and problems in the real world. Memorization tasks and grammar boxes have little impact on dynamically changing real world issues. Rather than *presenting* to students what must be learned, this series proposes motivating themes and scaffolded tasks that are designed to build skills <u>dynamically</u>. By doing the theme-based student-centered tasks, students dynamically learn and understand language usage by creating the skills necessary to negotiate meaning and build upon what they already know.

This entire series of textbooks is about building *real skills* that will work in the *real world*. They are based on cutting-edge research in neuroscience and psychology. Enjoy exploring the creation of these dynamic skills that will lead to the *deeper understanding* of language and beyond!

Robert S. Murphy, series author
Deeper Understanding Books

to the teacher

How to use this book (it's all about building skills!)

This PROJECT BOOK has been designed to be the ultimate companion for any of the "flavors" in the **Optimal Levels!** textbook series or any course that requires deeper understanding or presentation help.

How many projects per module (unit) of study?
All of the projects in this book have been designed to foster deeper understanding.

For classes that meet daily: doing each project in this book should prove to be wonderfully effective, but doing all of them is certainly not necessary. Allow students to make their own project choices.

For classes that meet only once or twice a week: allow students to choose one or two projects from A-D (as warm ups), then go on to the paragraph and presentation development projects. These projects can be done during class time and/or done for homework. Make sure the students understand that these projects are (a) designed to help them gain a deeper understanding of the material, and (b) designed to help them build well founded ideas for their class presentations.

The class presentation?
The presentation is the culmination of all the work than went into the module!

Assessment of these presentations is typically more reliable than memorization-based paper tests. Allow the students to do peer-to-peer assessment as a strategy to (a) raise their own awareness of the content and (b) raise their awareness of presentation skills. Through the affects of this ongoing assessment, by the end of the book, most students should show significant improvement across the board. Allow students to <u>choose their own</u> presentation topic per module within the general theme of the current module.

Students can use the "MY PRESENTATION" pages to design their paper-based presentations. On the day of the presentations, students in small classes can show what they have drawn on these six pages to their peers during their presentations. For larger classes the pages may be scanned and/or projected overhead as typical computer-based presentations are done.

Student (peer-to-peer) assessment?

The metacognition that goes on during peer-to-peer assessment is highly desirable because it helps build crucial strategic networks in the brain. Allow the students to decide the best assessment criteria (perhaps from a list of ideas that you can provide such as: *pronunciation, vocabulary usage, grammar, voice, fluency, eye-contact, charisma, etc.*) Allowing students to 'sanction' the assessment criteria is often a motivation booster. This motivation helps students stay focused on their goals which in turn drives them to higher performance.

Have students choose up to three assessment areas and write them in spaces A, B, and C at the top of the page. Grading is simple. Students circle the appropriate level (1 is lowest and 5 is highest, just as in the main textbooks) based on their own best judgement.

For some students, simply circling numbers may become tedious. Allowing students to choose the 'top three', and/or write some sort of comment in the spaces on the right side may prove to be a big attention-getter and will undoubtably help foster further metacognition.

"Tri-elemental"? What is "Teaching for the DATC"?

Language acquisition can be depicted as being tri-elemental: *Linguistic Structures, Socio-cultural Manifestations,* and *Non-verbal(emotional) Manifestations.* These three are context-dependent and grow dynamically. Naturally, the convergence area of these three elements also grows dynamically. Too much focus on Linguistic Structures and not enough focus on Culture and/or Non-verbal manifestations creates an unbalanced language learning context. Strive for a balanced DATC!

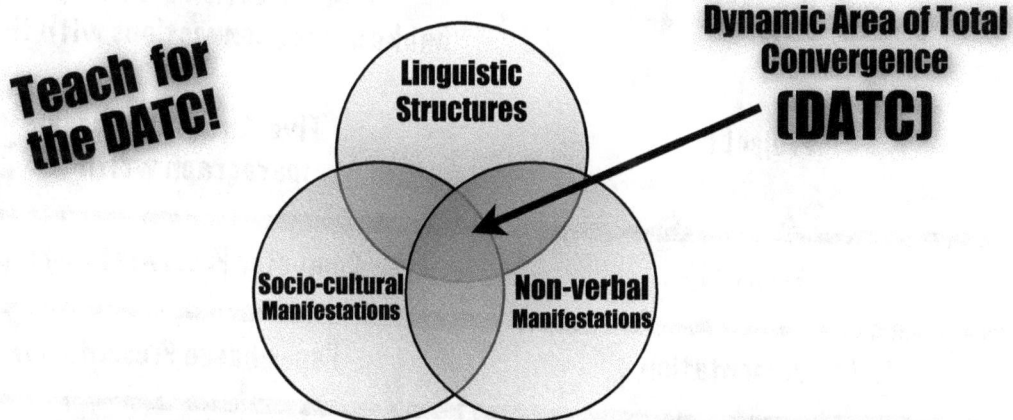

The entire Optimal Levels! series is written in a "Teaching for the DATC" format!

Warm up

PROJECT	CONTENT
Project A	Tri-elemental Connections (find new connections and ideas)
Project B	Tri-elemental Connections (write about new connections and ideas)
Project C	Tri-elemental Connections (draw images of new connections and ideas)
Project D	Four Sector Map (examine intensity of emotional connections)

Paragraphs!

PROJECT	CONTENT
Project E	Tri-elemental Paragraph Ideas (work on ideas for each paragraph)
Project F	Paragraph Development (focus on main points and first sentences)
Project G	Introduction & Conclusion (make strong connections with the body)
Project H	Five Paragraph Essay! (paragraph writing)

Presentations

Project I	Computer Presentation Prep.
My Presentation	Paper-based Presentation
Student Assessment Sheet (1, 2)	Student to student assessment

MODULE 1

How to do the Projects:

1. Choose one or two projects from Projects A – Project D.
2. Use the projects to gain a deeper understanding of the themes from your module.
3. Work on paragraph design and paragraph writing with Projects E, F, G and H.
4. Design a computer-based presentation with Project I, or
5. Create a paper-based presentation using the "My Presentation!" pages.
6. Present to the class what you have learned!
7. Give each other grades. Choose the best presentations!

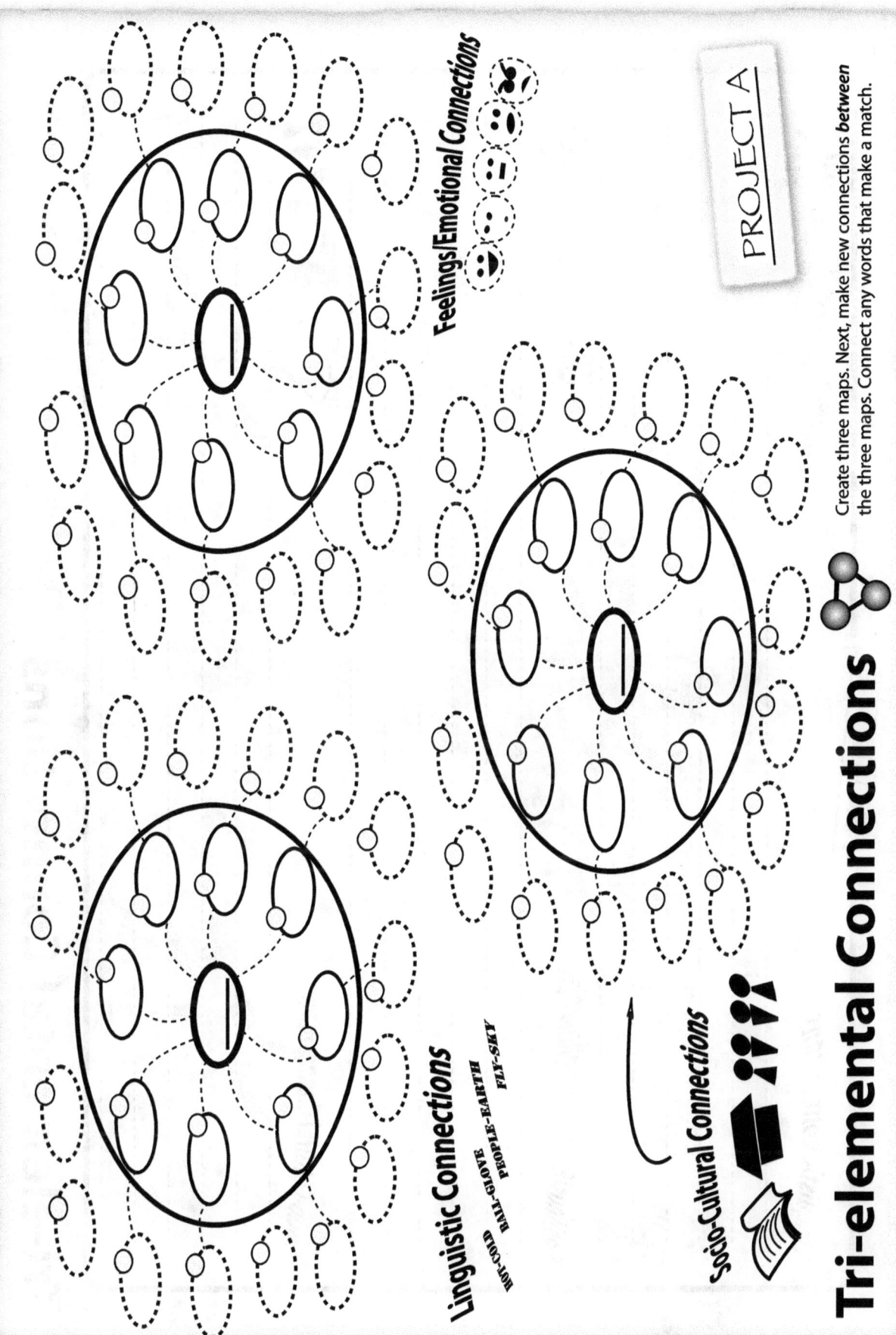

PROJECT B

HOT-COLD
BALL-GLOVE
PEOPLE-EARTH
FLY-SKY

Linguistic Connections

Feelings/Emotional Connections

Socio-Cultural Connections

Tri-elemental Connections

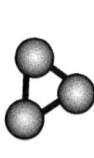

Write about your tri-elemental connections from this module. Have fun!

PROJECT C

Linguistic Connections

Socio-Cultural Connections

Feelings/Emotional Connections

Tri-elemental Connections

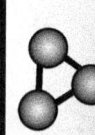

Choose words from your word map. Draw images of the words. Draw new connections between them!

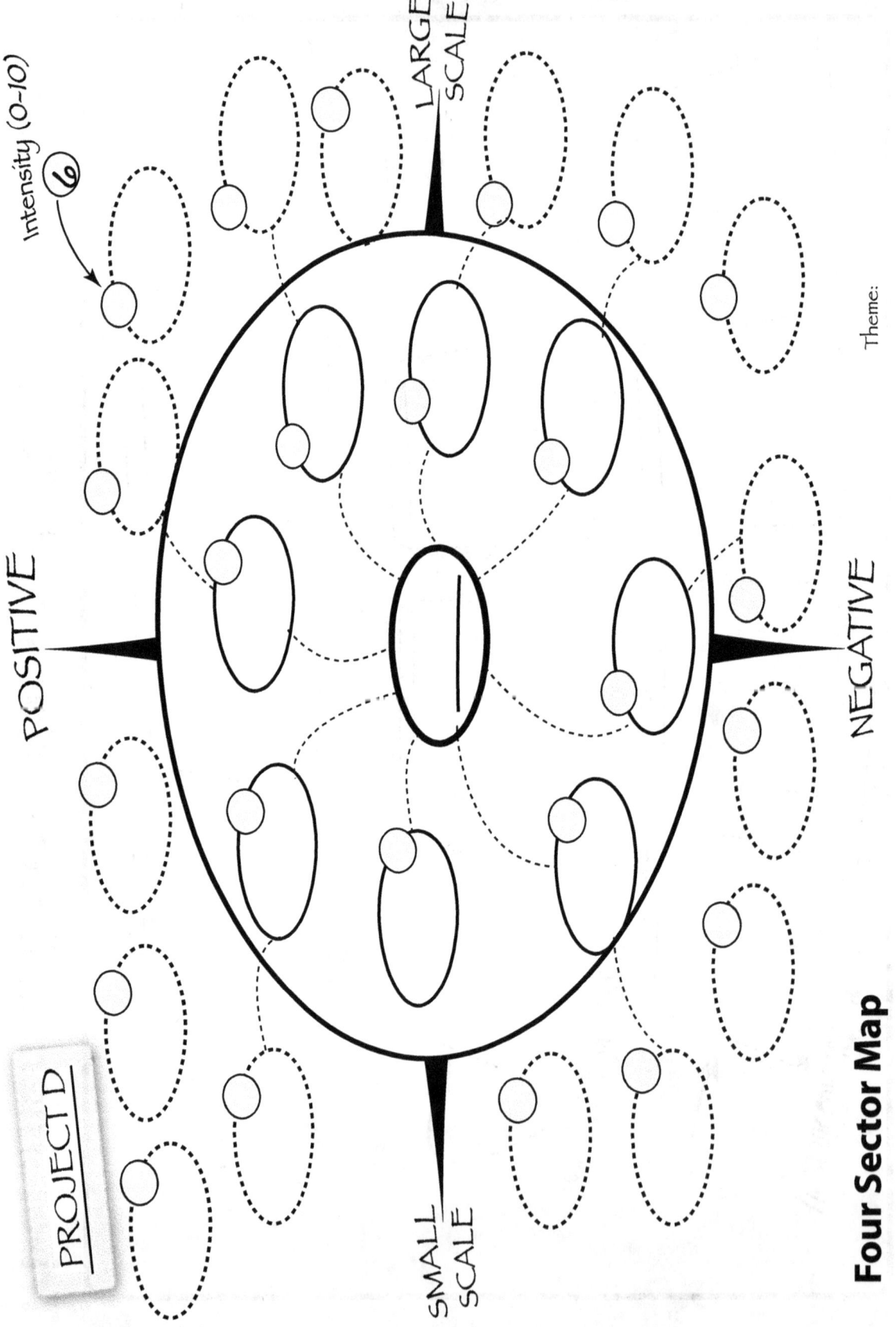

Four Sector Map

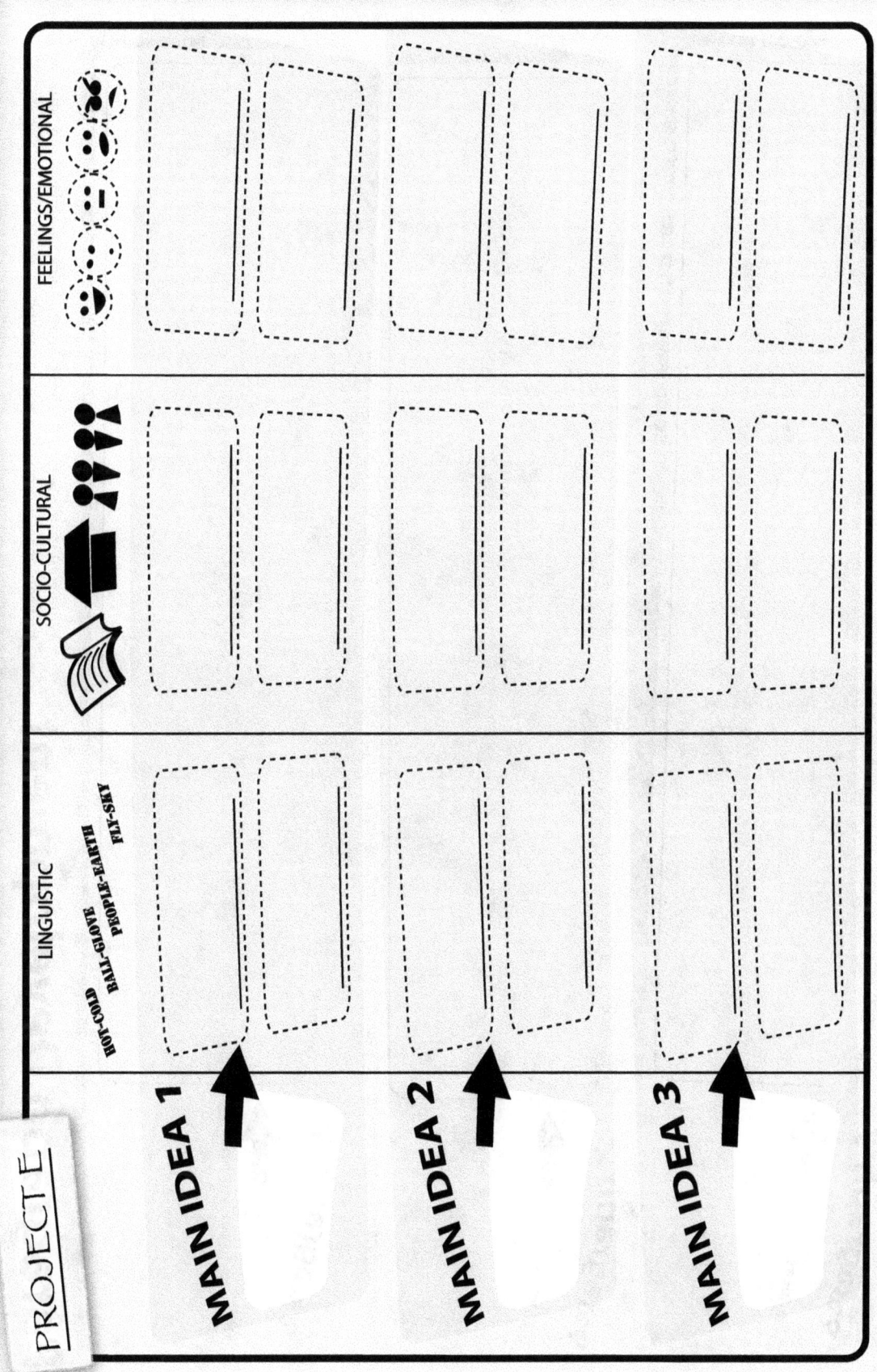

PROJECT F

Paragraph 1
Main ideas:

→ First sentence

Paragraph 2
Main ideas:

→ First sentence

Paragraph 3
Main ideas:

→ First sentence

Paragraph Development

Write your main ideas in the left column. Think carefully about your first sentences. Complete each paragraph.

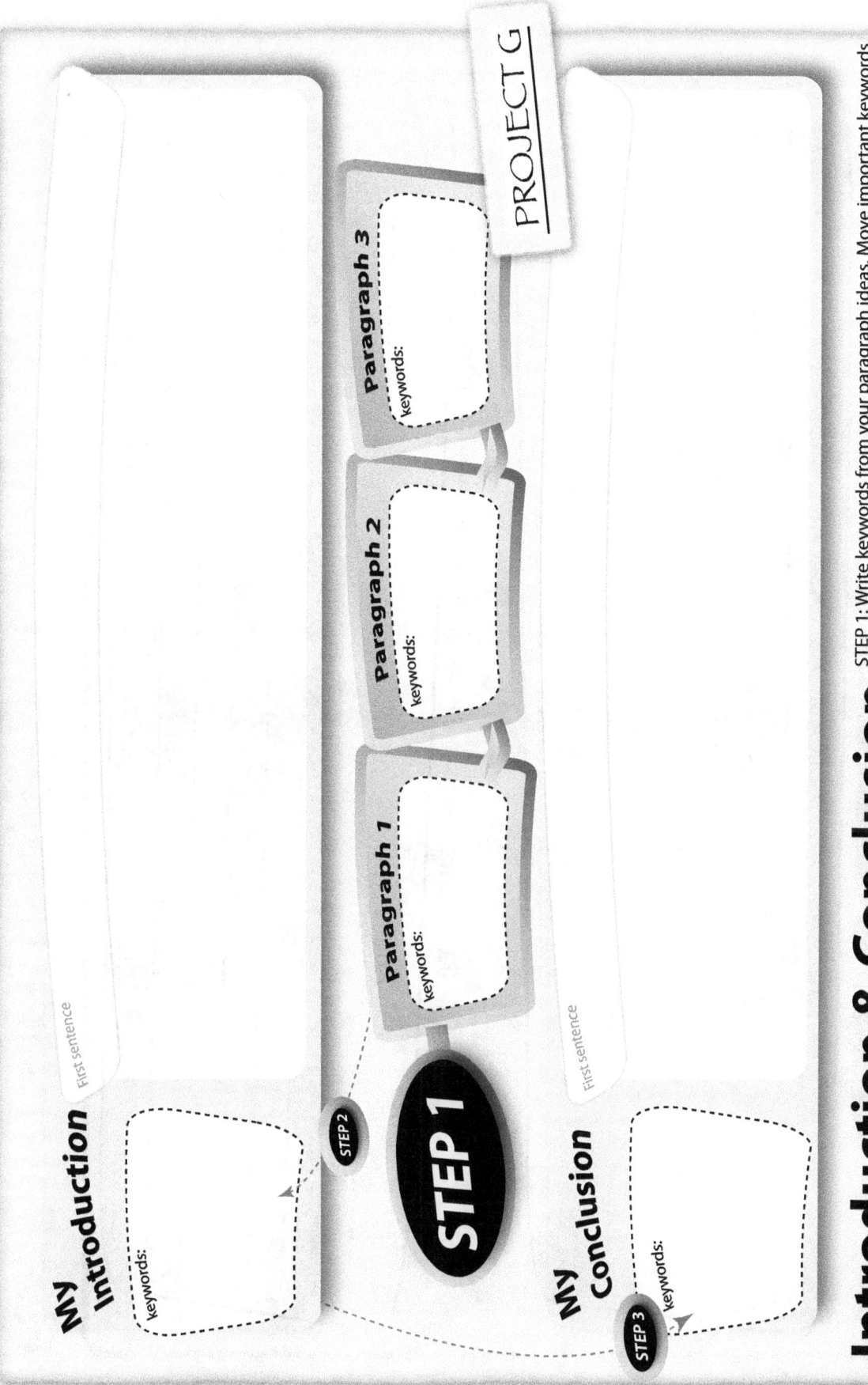

Five Paragraph Essay!

PROJECT H

Which paragraph is this?

CIRCLE: Introduction, Paragraph 1, Paragraph 2, Paragraph 3, or Conclusion

First sentence

Which paragraph is this?

CIRCLE: Introduction, Paragraph 1, Paragraph 2, Paragraph 3, or Conclusion

First sentence

Five Paragraph Essay!

PROJECT H

Which paragraph is this?

CIRCLE: Introduction, Paragraph 1, Paragraph 2, Paragraph 3, or Conclusion

First sentence.

Which paragraph is this?

CIRCLE: Introduction, Paragraph 1, Paragraph 2, Paragraph 3, or Conclusion

First sentence.

PROJECT H

Which paragraph is this?   **CIRCLE:** Introduction, Paragraph 1, Paragraph 2, Paragraph 3, or Conclusion

First sentence:

Which paragraph is this?   **CIRCLE:** Introduction, Paragraph 1, Paragraph 2, Paragraph 3, or Conclusion

First sentence:

Five Paragraph Essay!

PROJECT 1

spoken content ↙

advice:

advice:

SLIDE 1 rough image

SLIDE 2 rough image

Computer Presentation Prep.

Use these sheets to prepare for and get advice for your presentation ideas!

Computer Presentation Prep.

PROJECT:

SLIDE 3 — rough image → spoken content

advice:

SLIDE 4 — rough image → spoken content

advice:

Use these sheets to prepare for and get advice for your presentation ideas!

PROJECT 1

spoken content ↙

advice:

advice:

SLIDE 5 rough image

SLIDE 6 rough image

Computer Presentation Prep.

Use these sheets to prepare for and get advice for your presentation ideas!

MY PRESENTATION!

Title:

Name:

S/N

Student Assessment Sheet

Name _____ S/N _____ Date: _____

Student Number	Name	A. ___	B. ___	C. ___	Content	/Best/Worst
____	1 _____	1 2 3 4 5	1 2 3 4 5	1 2 3 4 5	_____	
____	2 _____	1 2 3 4 5	1 2 3 4 5	1 2 3 4 5	_____	
____	3 _____	1 2 3 4 5	1 2 3 4 5	1 2 3 4 5	_____	
____	4 _____	1 2 3 4 5	1 2 3 4 5	1 2 3 4 5	_____	
____	5 _____	1 2 3 4 5	1 2 3 4 5	1 2 3 4 5	_____	
____	6 _____	1 2 3 4 5	1 2 3 4 5	1 2 3 4 5	_____	
____	7 _____	1 2 3 4 5	1 2 3 4 5	1 2 3 4 5	_____	
____	8 _____	1 2 3 4 5	1 2 3 4 5	1 2 3 4 5	_____	
____	9 _____	1 2 3 4 5	1 2 3 4 5	1 2 3 4 5	_____	
____	10 _____	1 2 3 4 5	1 2 3 4 5	1 2 3 4 5	_____	
____	11 _____	1 2 3 4 5	1 2 3 4 5	1 2 3 4 5	_____	
____	12 _____	1 2 3 4 5	1 2 3 4 5	1 2 3 4 5	_____	
____	13 _____	1 2 3 4 5	1 2 3 4 5	1 2 3 4 5	_____	
____	14 _____	1 2 3 4 5	1 2 3 4 5	1 2 3 4 5	_____	
____	15 _____	1 2 3 4 5	1 2 3 4 5	1 2 3 4 5	_____	
____	16 _____	1 2 3 4 5	1 2 3 4 5	1 2 3 4 5	_____	
____	17 _____	1 2 3 4 5	1 2 3 4 5	1 2 3 4 5	_____	
____	18 _____	1 2 3 4 5	1 2 3 4 5	1 2 3 4 5	_____	
____	19 _____	1 2 3 4 5	1 2 3 4 5	1 2 3 4 5	_____	
____	20 _____	1 2 3 4 5	1 2 3 4 5	1 2 3 4 5	_____	
____	21 _____	1 2 3 4 5	1 2 3 4 5	1 2 3 4 5	_____	
____	22 _____	1 2 3 4 5	1 2 3 4 5	1 2 3 4 5	_____	
____	23 _____	1 2 3 4 5	1 2 3 4 5	1 2 3 4 5	_____	
____	24 _____	1 2 3 4 5	1 2 3 4 5	1 2 3 4 5	_____	
____	25 _____	1 2 3 4 5	1 2 3 4 5	1 2 3 4 5	_____	
____	26 _____	1 2 3 4 5	1 2 3 4 5	1 2 3 4 5	_____	
____	27 _____	1 2 3 4 5	1 2 3 4 5	1 2 3 4 5	_____	
____	28 _____	1 2 3 4 5	1 2 3 4 5	1 2 3 4 5	_____	
____	29 _____	1 2 3 4 5	1 2 3 4 5	1 2 3 4 5	_____	
____	30 _____	1 2 3 4 5	1 2 3 4 5	1 2 3 4 5	_____	

Student Assessment Sheet 2

Name   S/N   Date:

Student Number	Name	A.	B.	C.	Content	/Best/Worst
____	31 _____	1 2 3 4 5	1 2 3 4 5	1 2 3 4 5	_____	
____	32 _____	1 2 3 4 5	1 2 3 4 5	1 2 3 4 5	_____	
____	33 _____	1 2 3 4 5	1 2 3 4 5	1 2 3 4 5	_____	
____	34 _____	1 2 3 4 5	1 2 3 4 5	1 2 3 4 5	_____	
____	35 _____	1 2 3 4 5	1 2 3 4 5	1 2 3 4 5	_____	
____	36 _____	1 2 3 4 5	1 2 3 4 5	1 2 3 4 5	_____	
____	37 _____	1 2 3 4 5	1 2 3 4 5	1 2 3 4 5	_____	
____	38 _____	1 2 3 4 5	1 2 3 4 5	1 2 3 4 5	_____	
____	39 _____	1 2 3 4 5	1 2 3 4 5	1 2 3 4 5	_____	
____	40 _____	1 2 3 4 5	1 2 3 4 5	1 2 3 4 5	_____	
____	41 _____	1 2 3 4 5	1 2 3 4 5	1 2 3 4 5	_____	
____	42 _____	1 2 3 4 5	1 2 3 4 5	1 2 3 4 5	_____	
____	43 _____	1 2 3 4 5	1 2 3 4 5	1 2 3 4 5	_____	
____	44 _____	1 2 3 4 5	1 2 3 4 5	1 2 3 4 5	_____	
____	45 _____	1 2 3 4 5	1 2 3 4 5	1 2 3 4 5	_____	
____	46 _____	1 2 3 4 5	1 2 3 4 5	1 2 3 4 5	_____	
____	47 _____	1 2 3 4 5	1 2 3 4 5	1 2 3 4 5	_____	
____	48 _____	1 2 3 4 5	1 2 3 4 5	1 2 3 4 5	_____	
____	49 _____	1 2 3 4 5	1 2 3 4 5	1 2 3 4 5	_____	
____	50 _____	1 2 3 4 5	1 2 3 4 5	1 2 3 4 5	_____	
____	51 _____	1 2 3 4 5	1 2 3 4 5	1 2 3 4 5	_____	
____	52 _____	1 2 3 4 5	1 2 3 4 5	1 2 3 4 5	_____	
____	53 _____	1 2 3 4 5	1 2 3 4 5	1 2 3 4 5	_____	
____	54 _____	1 2 3 4 5	1 2 3 4 5	1 2 3 4 5	_____	
____	55 _____	1 2 3 4 5	1 2 3 4 5	1 2 3 4 5	_____	
____	56 _____	1 2 3 4 5	1 2 3 4 5	1 2 3 4 5	_____	
____	57 _____	1 2 3 4 5	1 2 3 4 5	1 2 3 4 5	_____	
____	58 _____	1 2 3 4 5	1 2 3 4 5	1 2 3 4 5	_____	
____	59 _____	1 2 3 4 5	1 2 3 4 5	1 2 3 4 5	_____	
____	60 _____	1 2 3 4 5	1 2 3 4 5	1 2 3 4 5	_____	

MODULE 2

How to do the Projects:

1. Choose one or two projects from Projects A – Project D.
2. Use the projects to gain a deeper understanding of the themes from your module.
3. Work on paragraph design and paragraph writing with Projects E, F, G and H.
4. Design a computer-based presentation with Project I, or
5. Create a paper-based presentation using the "My Presentation!" pages.
6. Present to the class what you have learned!
7. Give each other grades. Choose the best presentations!

PROJECT B

HOT-COLD
BALL-GLOVE
PEOPLE-EARTH
FLY-SKY

Linguistic Connections

Feelings/Emotional Connections

Socio-Cultural Connections

Tri-elemental Connections

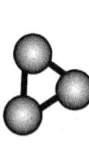

Write about your tri-elemental connections from this module. Have fun!

PROJECT C

Linguistic Connections

Socio-Cultural Connections

Feelings/Emotional Connections

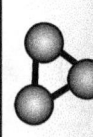

Tri-elemental Connections

Choose words from your word map. Draw images of the words. Draw new connections between them!

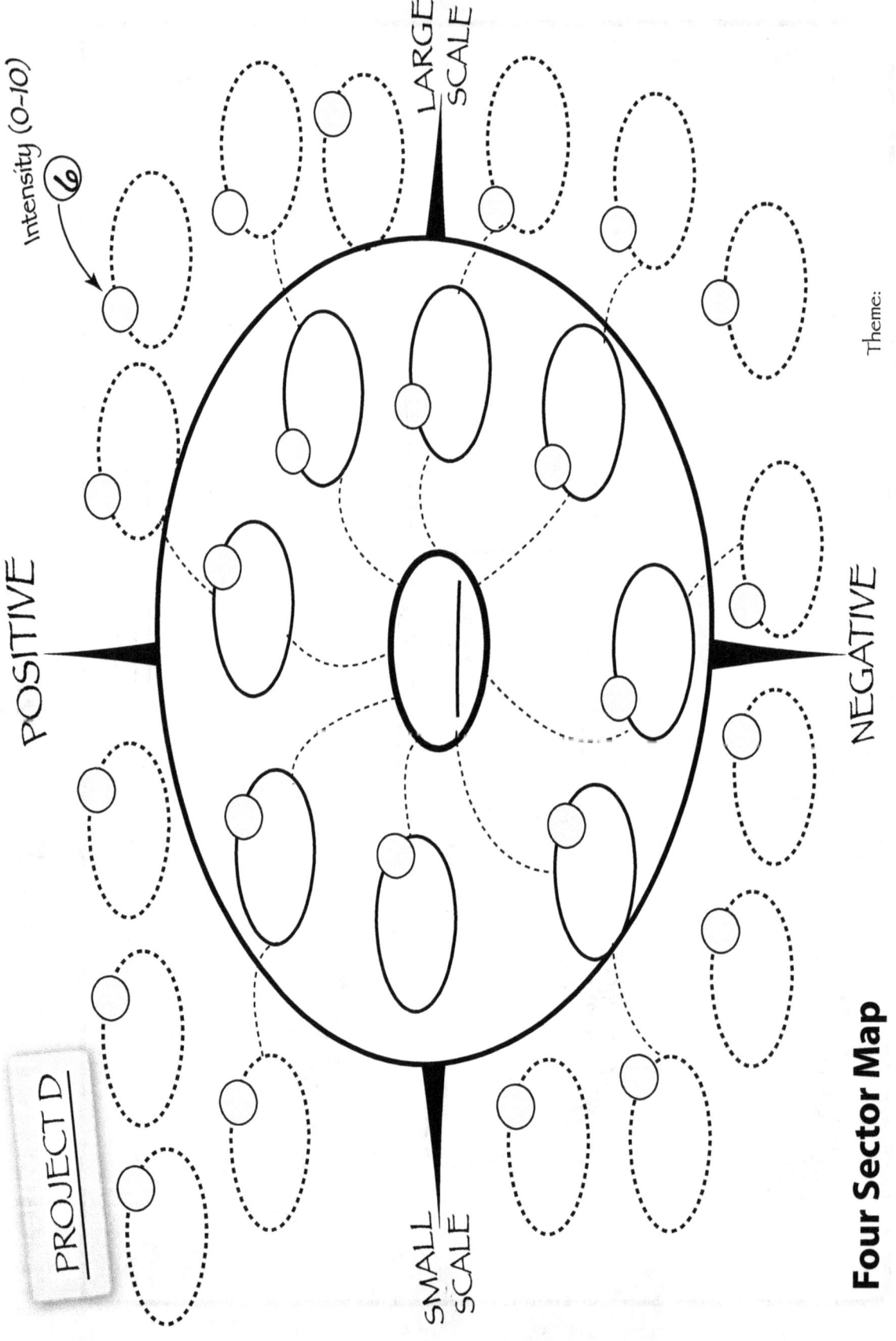

Four Sector Map

Theme:

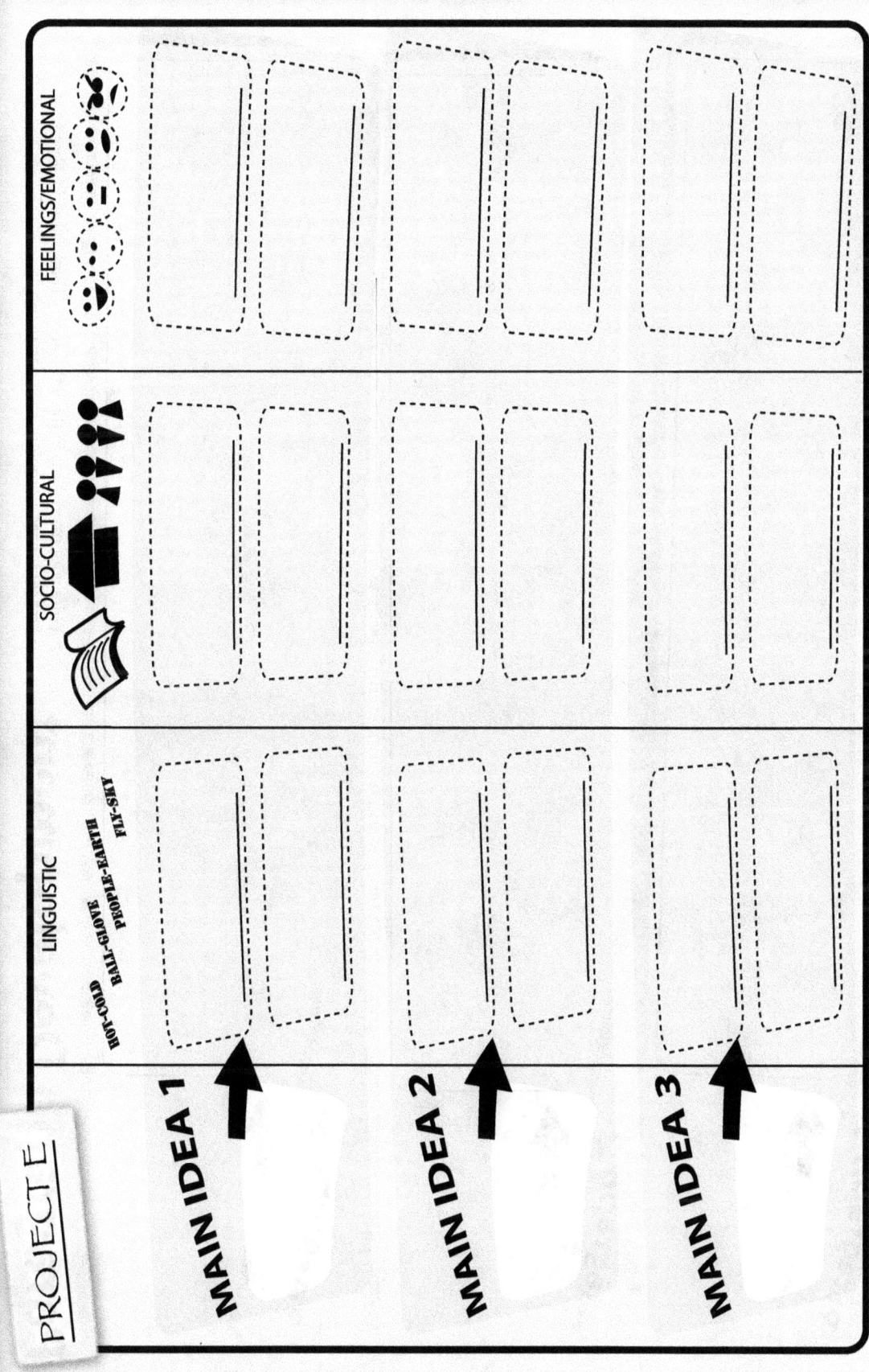

PROJECT F

Paragraph 1
Main ideas:

First sentence →

Paragraph 2
Main ideas:

First sentence →

Paragraph 3
Main ideas:

First sentence →

Paragraph Development

Write your main ideas in the left column. Think carefully about your first sentences. Complete each paragraph.

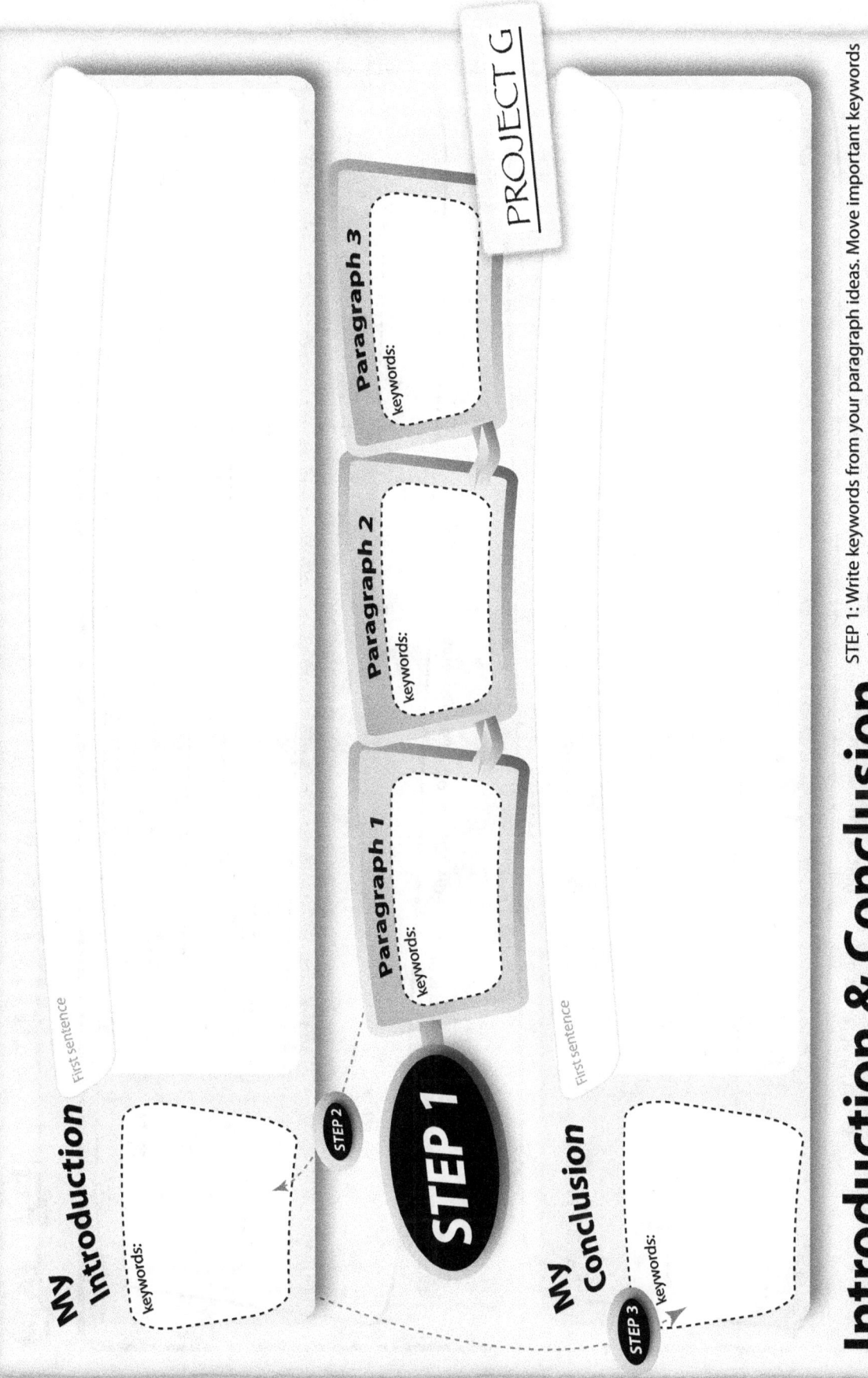

Five Paragraph Essay!

PROJECT H

Which paragraph is this?

CIRCLE: Introduction, Paragraph 1, Paragraph 2, Paragraph 3, or Conclusion

First sentence:

Which paragraph is this?

CIRCLE: Introduction, Paragraph 1, Paragraph 2, Paragraph 3, or Conclusion

First sentence:

PROJECT H

Which paragraph is this?   **CIRCLE:** Introduction, Paragraph 1, Paragraph 2, Paragraph 3, or Conclusion

First sentence:

Which paragraph is this?   **CIRCLE:** Introduction, Paragraph 1, Paragraph 2, Paragraph 3, or Conclusion

First sentence:

Five Paragraph Essay!

PROJECT H

Which paragraph is this?

CIRCLE: Introduction, Paragraph 1, Paragraph 2, Paragraph 3, or Conclusion

First sentence:

Which paragraph is this?

CIRCLE: Introduction, Paragraph 1, Paragraph 2, Paragraph 3, or Conclusion

First sentence:

Five Paragraph Essay!

PROJECT:

spoken content ↙

advice:

advice:

SLIDE 1 rough image

SLIDE 2 rough image

Computer Presentation Prep.

Use these sheets to prepare for and get advice for your presentation ideas!

PROJECT 1

spoken content ↙

SLIDE 3 rough image

SLIDE 4 rough image

advice:

advice:

Computer Presentation Prep.

Use these sheets to prepare for and get advice for your presentation ideas!

PROJECT:

spoken content

SLIDE 5 rough image

advice:

SLIDE 6 rough image

advice:

Computer Presentation Prep.

Use these sheets to prepare for and get advice for your presentation ideas!

S/N

Name:

MY PRESENTATION!

Title:

Student Assessment Sheet

Name _____ S/N _____ Date: _____

Student Number	Name	A. ___	B. ___	C. ___	Content	/Best/Worst
____	1 _____	1 2 3 4 5	1 2 3 4 5	1 2 3 4 5	_____	
____	2 _____	1 2 3 4 5	1 2 3 4 5	1 2 3 4 5	_____	
____	3 _____	1 2 3 4 5	1 2 3 4 5	1 2 3 4 5	_____	
____	4 _____	1 2 3 4 5	1 2 3 4 5	1 2 3 4 5	_____	
____	5 _____	1 2 3 4 5	1 2 3 4 5	1 2 3 4 5	_____	
____	6 _____	1 2 3 4 5	1 2 3 4 5	1 2 3 4 5	_____	
____	7 _____	1 2 3 4 5	1 2 3 4 5	1 2 3 4 5	_____	
____	8 _____	1 2 3 4 5	1 2 3 4 5	1 2 3 4 5	_____	
____	9 _____	1 2 3 4 5	1 2 3 4 5	1 2 3 4 5	_____	
____	10 _____	1 2 3 4 5	1 2 3 4 5	1 2 3 4 5	_____	
____	11 _____	1 2 3 4 5	1 2 3 4 5	1 2 3 4 5	_____	
____	12 _____	1 2 3 4 5	1 2 3 4 5	1 2 3 4 5	_____	
____	13 _____	1 2 3 4 5	1 2 3 4 5	1 2 3 4 5	_____	
____	14 _____	1 2 3 4 5	1 2 3 4 5	1 2 3 4 5	_____	
____	15 _____	1 2 3 4 5	1 2 3 4 5	1 2 3 4 5	_____	
____	16 _____	1 2 3 4 5	1 2 3 4 5	1 2 3 4 5	_____	
____	17 _____	1 2 3 4 5	1 2 3 4 5	1 2 3 4 5	_____	
____	18 _____	1 2 3 4 5	1 2 3 4 5	1 2 3 4 5	_____	
____	19 _____	1 2 3 4 5	1 2 3 4 5	1 2 3 4 5	_____	
____	20 _____	1 2 3 4 5	1 2 3 4 5	1 2 3 4 5	_____	
____	21 _____	1 2 3 4 5	1 2 3 4 5	1 2 3 4 5	_____	
____	22 _____	1 2 3 4 5	1 2 3 4 5	1 2 3 4 5	_____	
____	23 _____	1 2 3 4 5	1 2 3 4 5	1 2 3 4 5	_____	
____	24 _____	1 2 3 4 5	1 2 3 4 5	1 2 3 4 5	_____	
____	25 _____	1 2 3 4 5	1 2 3 4 5	1 2 3 4 5	_____	
____	26 _____	1 2 3 4 5	1 2 3 4 5	1 2 3 4 5	_____	
____	27 _____	1 2 3 4 5	1 2 3 4 5	1 2 3 4 5	_____	
____	28 _____	1 2 3 4 5	1 2 3 4 5	1 2 3 4 5	_____	
____	29 _____	1 2 3 4 5	1 2 3 4 5	1 2 3 4 5	_____	
____	30 _____	1 2 3 4 5	1 2 3 4 5	1 2 3 4 5	_____	

Student Assessment Sheet 2

Name _____ S/N _____ Date: _____

Student Number	Name	A. ___	B. ___	C. ___	Content	/Best/Worst
_____	31 _____	1 2 3 4 5	1 2 3 4 5	1 2 3 4 5	_____	
_____	32 _____	1 2 3 4 5	1 2 3 4 5	1 2 3 4 5	_____	
_____	33 _____	1 2 3 4 5	1 2 3 4 5	1 2 3 4 5	_____	
_____	34 _____	1 2 3 4 5	1 2 3 4 5	1 2 3 4 5	_____	
_____	35 _____	1 2 3 4 5	1 2 3 4 5	1 2 3 4 5	_____	
_____	36 _____	1 2 3 4 5	1 2 3 4 5	1 2 3 4 5	_____	
_____	37 _____	1 2 3 4 5	1 2 3 4 5	1 2 3 4 5	_____	
_____	38 _____	1 2 3 4 5	1 2 3 4 5	1 2 3 4 5	_____	
_____	39 _____	1 2 3 4 5	1 2 3 4 5	1 2 3 4 5	_____	
_____	40 _____	1 2 3 4 5	1 2 3 4 5	1 2 3 4 5	_____	
_____	41 _____	1 2 3 4 5	1 2 3 4 5	1 2 3 4 5	_____	
_____	42 _____	1 2 3 4 5	1 2 3 4 5	1 2 3 4 5	_____	
_____	43 _____	1 2 3 4 5	1 2 3 4 5	1 2 3 4 5	_____	
_____	44 _____	1 2 3 4 5	1 2 3 4 5	1 2 3 4 5	_____	
_____	45 _____	1 2 3 4 5	1 2 3 4 5	1 2 3 4 5	_____	
_____	46 _____	1 2 3 4 5	1 2 3 4 5	1 2 3 4 5	_____	
_____	47 _____	1 2 3 4 5	1 2 3 4 5	1 2 3 4 5	_____	
_____	48 _____	1 2 3 4 5	1 2 3 4 5	1 2 3 4 5	_____	
_____	49 _____	1 2 3 4 5	1 2 3 4 5	1 2 3 4 5	_____	
_____	50 _____	1 2 3 4 5	1 2 3 4 5	1 2 3 4 5	_____	
_____	51 _____	1 2 3 4 5	1 2 3 4 5	1 2 3 4 5	_____	
_____	52 _____	1 2 3 4 5	1 2 3 4 5	1 2 3 4 5	_____	
_____	53 _____	1 2 3 4 5	1 2 3 4 5	1 2 3 4 5	_____	
_____	54 _____	1 2 3 4 5	1 2 3 4 5	1 2 3 4 5	_____	
_____	55 _____	1 2 3 4 5	1 2 3 4 5	1 2 3 4 5	_____	
_____	56 _____	1 2 3 4 5	1 2 3 4 5	1 2 3 4 5	_____	
_____	57 _____	1 2 3 4 5	1 2 3 4 5	1 2 3 4 5	_____	
_____	58 _____	1 2 3 4 5	1 2 3 4 5	1 2 3 4 5	_____	
_____	59 _____	1 2 3 4 5	1 2 3 4 5	1 2 3 4 5	_____	
_____	60 _____	1 2 3 4 5	1 2 3 4 5	1 2 3 4 5	_____	

MODULE 3

How to do the Projects:

1. Choose one or two projects from Projects A – Project D.
2. Use the projects to gain a deeper understanding of the themes from your module.
3. Work on paragraph design and paragraph writing with Projects E, F, G and H.
4. Design a computer-based presentation with Project I, or
5. Create a paper-based presentation using the "My Presentation!" pages.
6. Present to the class what you have learned!
7. Give each other grades. Choose the best presentations!

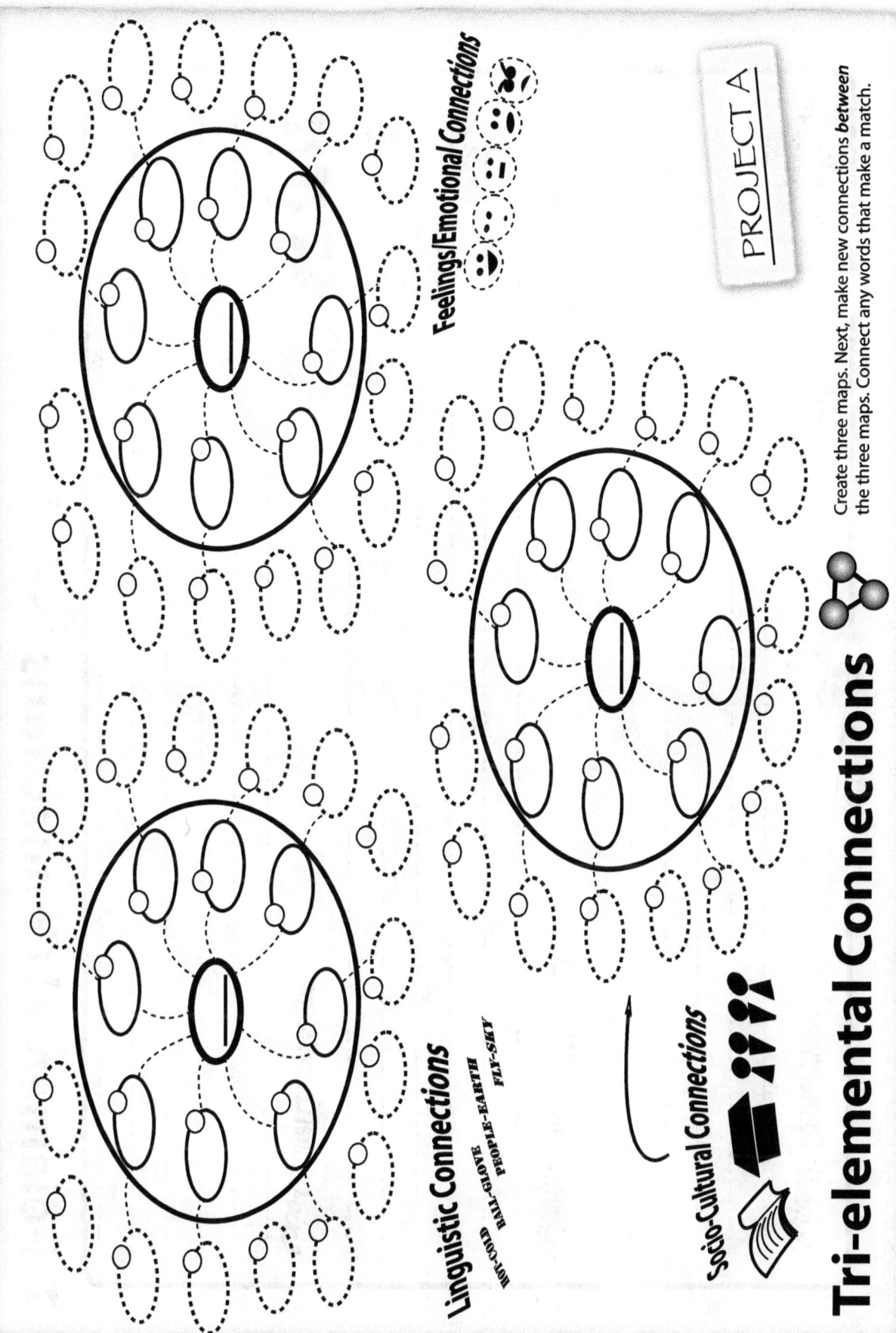

PROJECT B

HOT-COLD
BALL-GLOVE
PEOPLE-EARTH
FLY-SKY

Linguistic Connections

Feelings/Emotional Connections

Socio-Cultural Connections

Tri-elemental Connections

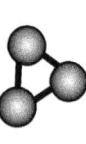

Write about your tri-elemental connections from this module. Have fun!

PROJECT C

Linguistic Connections

Socio-Cultural Connections

Feelings/Emotional Connections

Tri-elemental Connections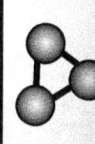

Choose words from your word map. Draw images of the words. Draw new connections between them!

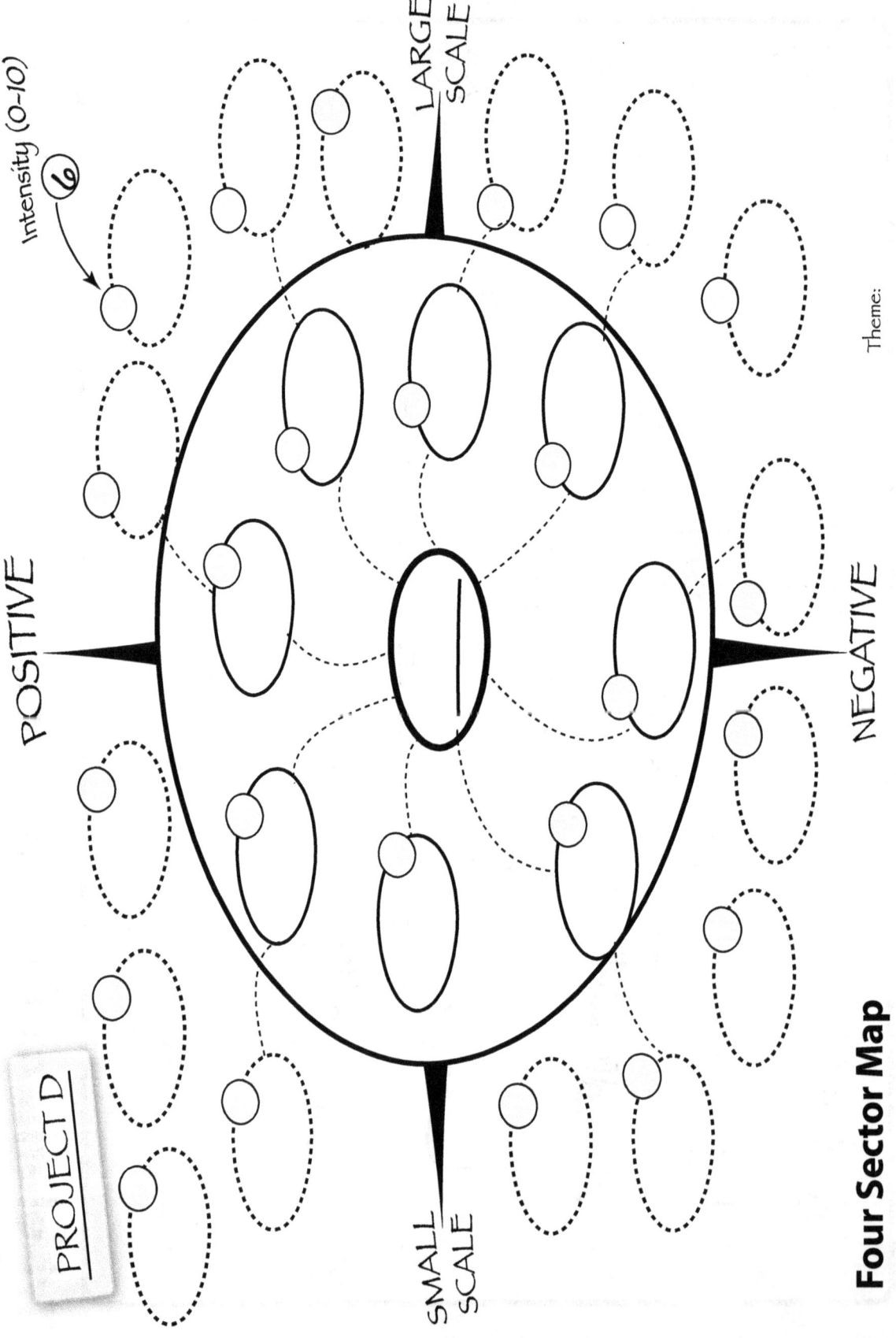

Four Sector Map

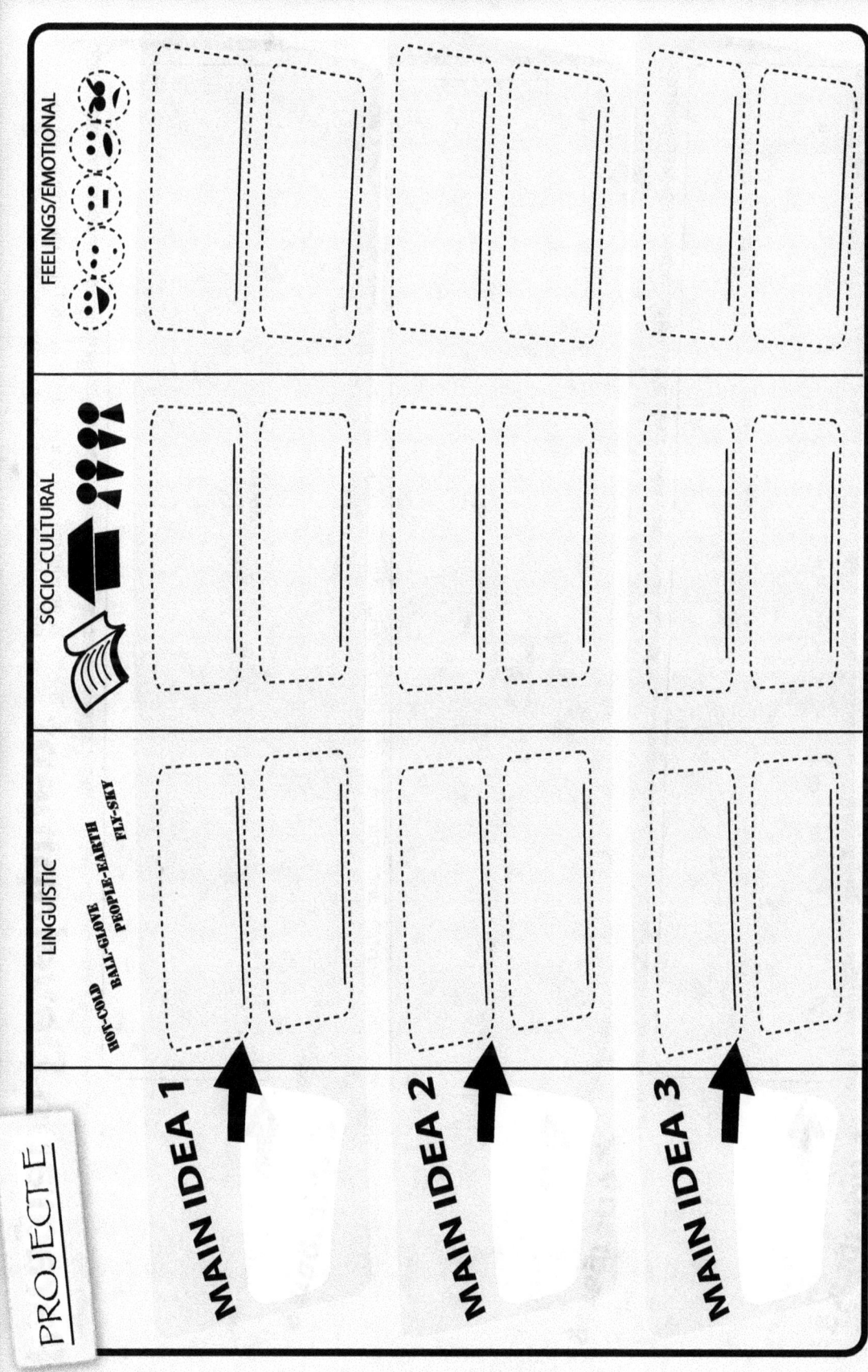

PROJECT F

paragraph 1

Main ideas:

First sentence →

paragraph 2

Main ideas:

First sentence →

paragraph 3

Main ideas:

First sentence →

Paragraph Development

Write your main ideas in the left column. Think carefully about your first sentences. Complete each paragraph.

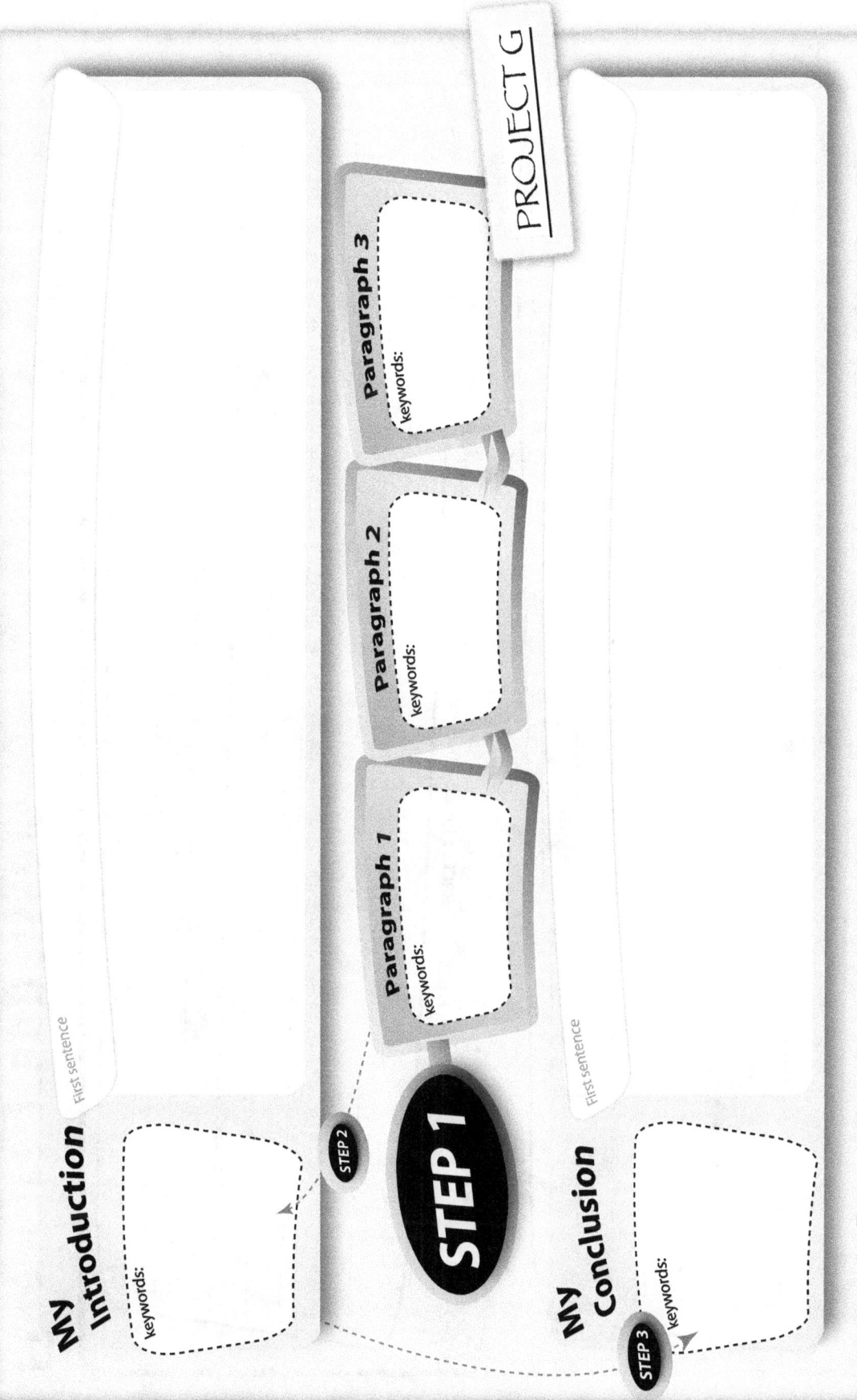

Five Paragraph Essay!

PROJECT: _____

Which paragraph is this?
CIRCLE: Introduction, Paragraph 1, Paragraph 2, Paragraph 3, or Conclusion

First sentence: _____

Which paragraph is this?
CIRCLE: Introduction, Paragraph 1, Paragraph 2, Paragraph 3, or Conclusion

First sentence: _____

PROJECT H

Which paragraph is this? *CIRCLE:* Introduction, Paragraph 1, Paragraph 2, Paragraph 3, or Conclusion

First sentence:

Which paragraph is this? *CIRCLE:* Introduction, Paragraph 1, Paragraph 2, Paragraph 3, or Conclusion

First sentence:

Five Paragraph Essay!

PROJECT H

Which paragraph is this?

CIRCLE: Introduction, Paragraph 1, Paragraph 2, Paragraph 3, or Conclusion

First sentence:

Which paragraph is this?

CIRCLE: Introduction, Paragraph 1, Paragraph 2, Paragraph 3, or Conclusion

First sentence:

Five Paragraph Essay!

PROJECT 1

spoken content ↙

SLIDE 1 — rough image

advice:

SLIDE 2 — rough image

advice:

Computer Presentation Prep.

Use these sheets to prepare for and get advice for your presentation ideas!

PROJECT 1

spoken content ↙

advice:

advice:

SLIDE 3 rough image

SLIDE 4 rough image

Computer Presentation Prep.

Use these sheets to prepare for and get advice for your presentation ideas!

PROJECT !

spoken content ↙

SLIDE 5 rough image

advice:

SLIDE 6 rough image

advice:

Computer Presentation Prep.

Use these sheets to prepare for and get advice for your presentation ideas!

S/N

Name:

MY PRESENTATION!

Title:

Student Assessment Sheet

Name _____ S/N _____ Date: _____

Student Number	Name	A.	B.	C.	Content /Best/Worst
_____	1 _____	1 2 3 4 5	1 2 3 4 5	1 2 3 4 5	_____
_____	2 _____	1 2 3 4 5	1 2 3 4 5	1 2 3 4 5	_____
_____	3 _____	1 2 3 4 5	1 2 3 4 5	1 2 3 4 5	_____
_____	4 _____	1 2 3 4 5	1 2 3 4 5	1 2 3 4 5	_____
_____	5 _____	1 2 3 4 5	1 2 3 4 5	1 2 3 4 5	_____
_____	6 _____	1 2 3 4 5	1 2 3 4 5	1 2 3 4 5	_____
_____	7 _____	1 2 3 4 5	1 2 3 4 5	1 2 3 4 5	_____
_____	8 _____	1 2 3 4 5	1 2 3 4 5	1 2 3 4 5	_____
_____	9 _____	1 2 3 4 5	1 2 3 4 5	1 2 3 4 5	_____
_____	10 _____	1 2 3 4 5	1 2 3 4 5	1 2 3 4 5	_____
_____	11 _____	1 2 3 4 5	1 2 3 4 5	1 2 3 4 5	_____
_____	12 _____	1 2 3 4 5	1 2 3 4 5	1 2 3 4 5	_____
_____	13 _____	1 2 3 4 5	1 2 3 4 5	1 2 3 4 5	_____
_____	14 _____	1 2 3 4 5	1 2 3 4 5	1 2 3 4 5	_____
_____	15 _____	1 2 3 4 5	1 2 3 4 5	1 2 3 4 5	_____
_____	16 _____	1 2 3 4 5	1 2 3 4 5	1 2 3 4 5	_____
_____	17 _____	1 2 3 4 5	1 2 3 4 5	1 2 3 4 5	_____
_____	18 _____	1 2 3 4 5	1 2 3 4 5	1 2 3 4 5	_____
_____	19 _____	1 2 3 4 5	1 2 3 4 5	1 2 3 4 5	_____
_____	20 _____	1 2 3 4 5	1 2 3 4 5	1 2 3 4 5	_____
_____	21 _____	1 2 3 4 5	1 2 3 4 5	1 2 3 4 5	_____
_____	22 _____	1 2 3 4 5	1 2 3 4 5	1 2 3 4 5	_____
_____	23 _____	1 2 3 4 5	1 2 3 4 5	1 2 3 4 5	_____
_____	24 _____	1 2 3 4 5	1 2 3 4 5	1 2 3 4 5	_____
_____	25 _____	1 2 3 4 5	1 2 3 4 5	1 2 3 4 5	_____
_____	26 _____	1 2 3 4 5	1 2 3 4 5	1 2 3 4 5	_____
_____	27 _____	1 2 3 4 5	1 2 3 4 5	1 2 3 4 5	_____
_____	28 _____	1 2 3 4 5	1 2 3 4 5	1 2 3 4 5	_____
_____	29 _____	1 2 3 4 5	1 2 3 4 5	1 2 3 4 5	_____
_____	30 _____	1 2 3 4 5	1 2 3 4 5	1 2 3 4 5	_____

Student Assessment Sheet 2

Name   S/N   Date:

Student Number	Name	A.	B.	C.	Content	/Best/Worst
____	31 _____	1 2 3 4 5	1 2 3 4 5	1 2 3 4 5	_____	
____	32 _____	1 2 3 4 5	1 2 3 4 5	1 2 3 4 5	_____	
____	33 _____	1 2 3 4 5	1 2 3 4 5	1 2 3 4 5	_____	
____	34 _____	1 2 3 4 5	1 2 3 4 5	1 2 3 4 5	_____	
____	35 _____	1 2 3 4 5	1 2 3 4 5	1 2 3 4 5	_____	
____	36 _____	1 2 3 4 5	1 2 3 4 5	1 2 3 4 5	_____	
____	37 _____	1 2 3 4 5	1 2 3 4 5	1 2 3 4 5	_____	
____	38 _____	1 2 3 4 5	1 2 3 4 5	1 2 3 4 5	_____	
____	39 _____	1 2 3 4 5	1 2 3 4 5	1 2 3 4 5	_____	
____	40 _____	1 2 3 4 5	1 2 3 4 5	1 2 3 4 5	_____	
____	41 _____	1 2 3 4 5	1 2 3 4 5	1 2 3 4 5	_____	
____	42 _____	1 2 3 4 5	1 2 3 4 5	1 2 3 4 5	_____	
____	43 _____	1 2 3 4 5	1 2 3 4 5	1 2 3 4 5	_____	
____	44 _____	1 2 3 4 5	1 2 3 4 5	1 2 3 4 5	_____	
____	45 _____	1 2 3 4 5	1 2 3 4 5	1 2 3 4 5	_____	
____	46 _____	1 2 3 4 5	1 2 3 4 5	1 2 3 4 5	_____	
____	47 _____	1 2 3 4 5	1 2 3 4 5	1 2 3 4 5	_____	
____	48 _____	1 2 3 4 5	1 2 3 4 5	1 2 3 4 5	_____	
____	49 _____	1 2 3 4 5	1 2 3 4 5	1 2 3 4 5	_____	
____	50 _____	1 2 3 4 5	1 2 3 4 5	1 2 3 4 5	_____	
____	51 _____	1 2 3 4 5	1 2 3 4 5	1 2 3 4 5	_____	
____	52 _____	1 2 3 4 5	1 2 3 4 5	1 2 3 4 5	_____	
____	53 _____	1 2 3 4 5	1 2 3 4 5	1 2 3 4 5	_____	
____	54 _____	1 2 3 4 5	1 2 3 4 5	1 2 3 4 5	_____	
____	55 _____	1 2 3 4 5	1 2 3 4 5	1 2 3 4 5	_____	
____	56 _____	1 2 3 4 5	1 2 3 4 5	1 2 3 4 5	_____	
____	57 _____	1 2 3 4 5	1 2 3 4 5	1 2 3 4 5	_____	
____	58 _____	1 2 3 4 5	1 2 3 4 5	1 2 3 4 5	_____	
____	59 _____	1 2 3 4 5	1 2 3 4 5	1 2 3 4 5	_____	
____	60 _____	1 2 3 4 5	1 2 3 4 5	1 2 3 4 5	_____	

MODULE 4

How to do the Projects:

1. Choose one or two projects from Projects A – Project D.
2. Use the projects to gain a deeper understanding of the themes from your module.
3. Work on paragraph design and paragraph writing with Projects E, F, G and H.
4. Design a computer-based presentation with Project I, or
5. Create a paper-based presentation using the "My Presentation!" pages.
6. Present to the class what you have learned!
7. Give each other grades. Choose the best presentations!

PROJECT B

HOT-COLD
BALL-GLOVE
PEOPLE-EARTH
FLY-SKY

Linguistic Connections

Feelings/Emotional Connections

Socio-Cultural Connections

Tri-elemental Connections

Write about your tri-elemental connections from this module. Have fun!

PROJECT C

- Linguistic Connections
- Socio-Cultural Connections
- Feelings/Emotional Connections

Tri-elemental Connections

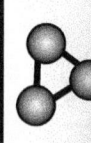

Choose words from your word map. Draw images of the words. Draw new connections between them!

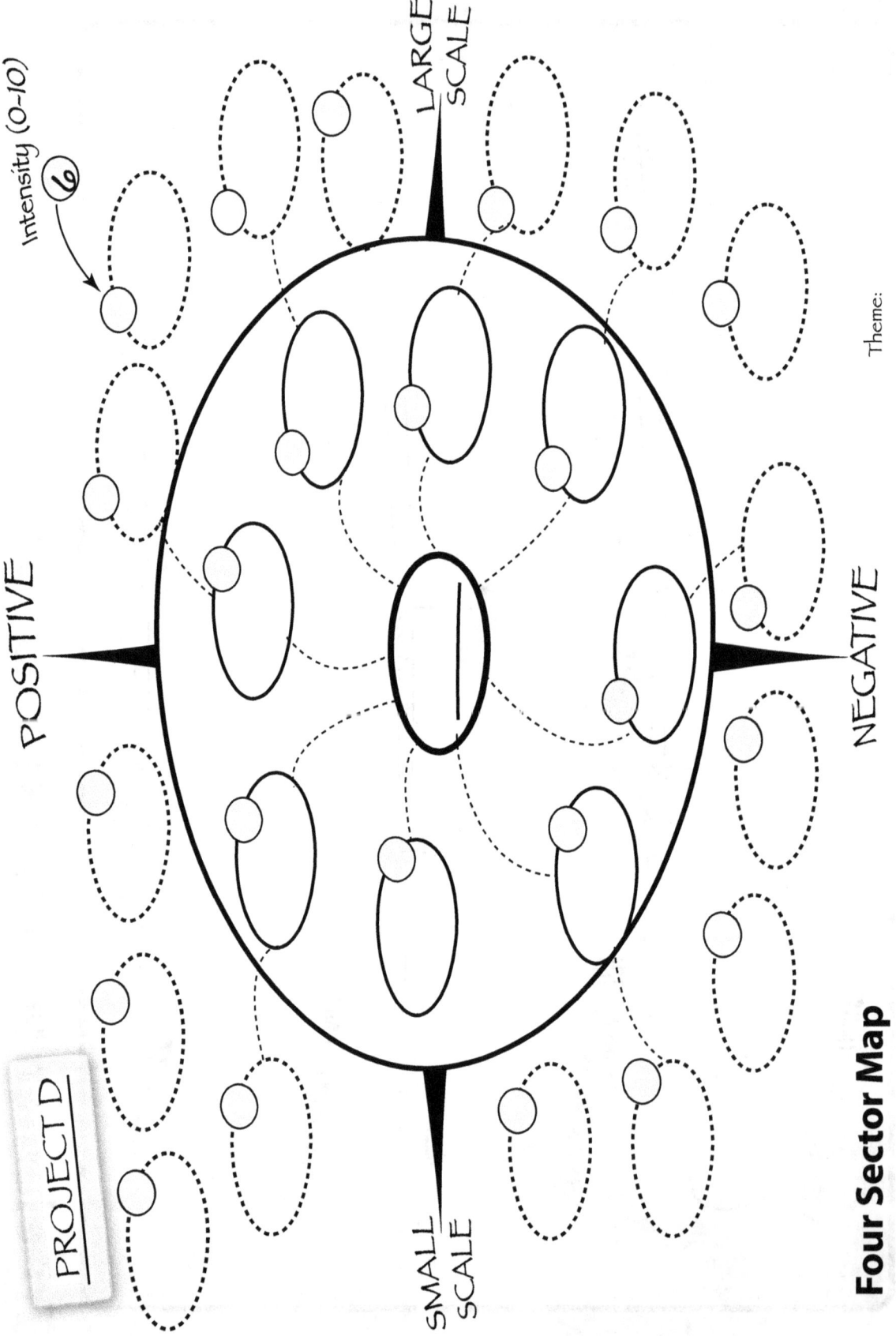

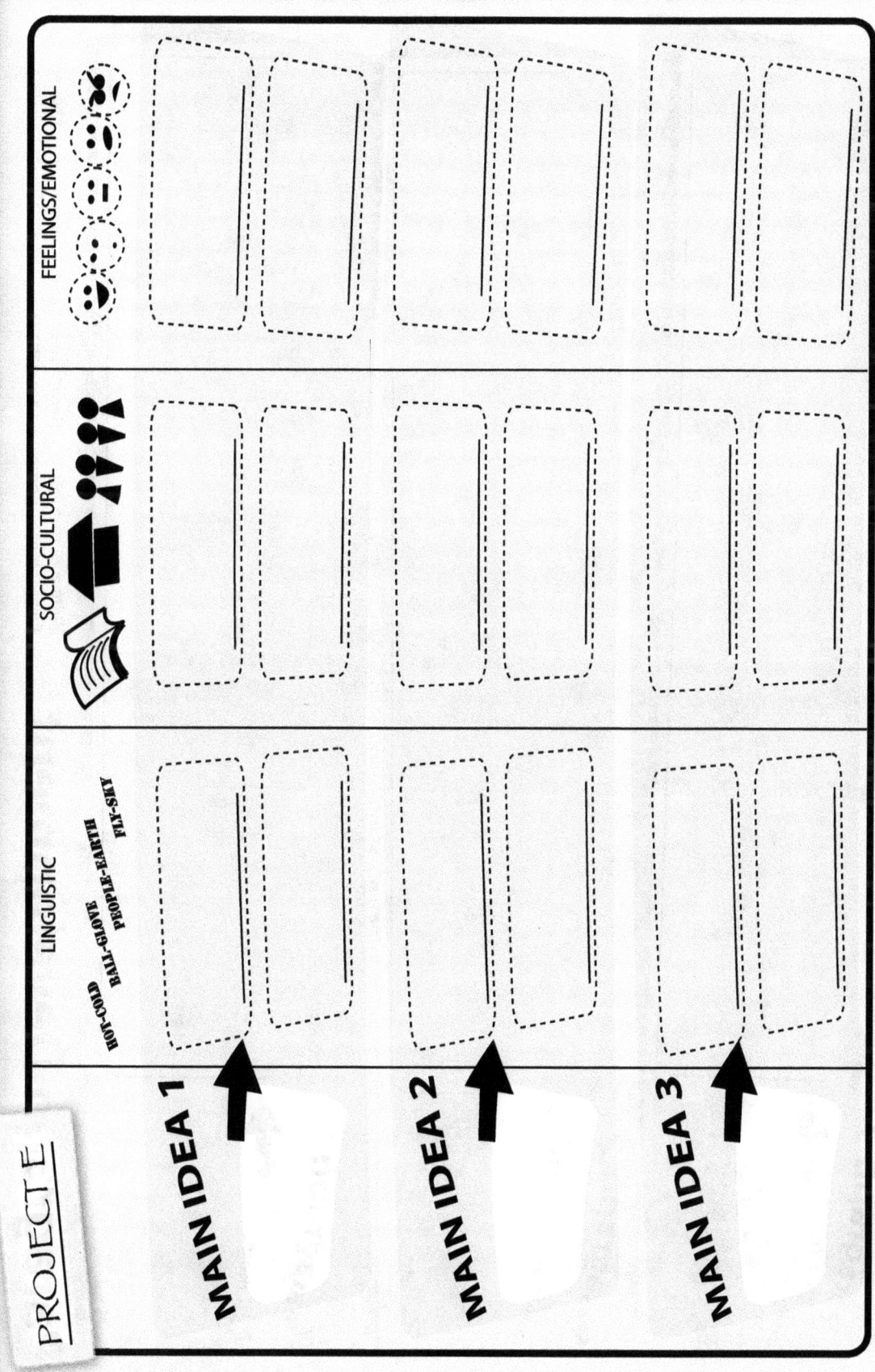

Paragraph Development

PROJECT F _____

Paragraph 1
Main ideas:
→ First sentence

Paragraph 2
Main ideas:
→ First sentence

Paragraph 3
Main ideas:
→ First sentence

Write your main ideas in the left column. Think carefully about your first sentences. Complete each paragraph.

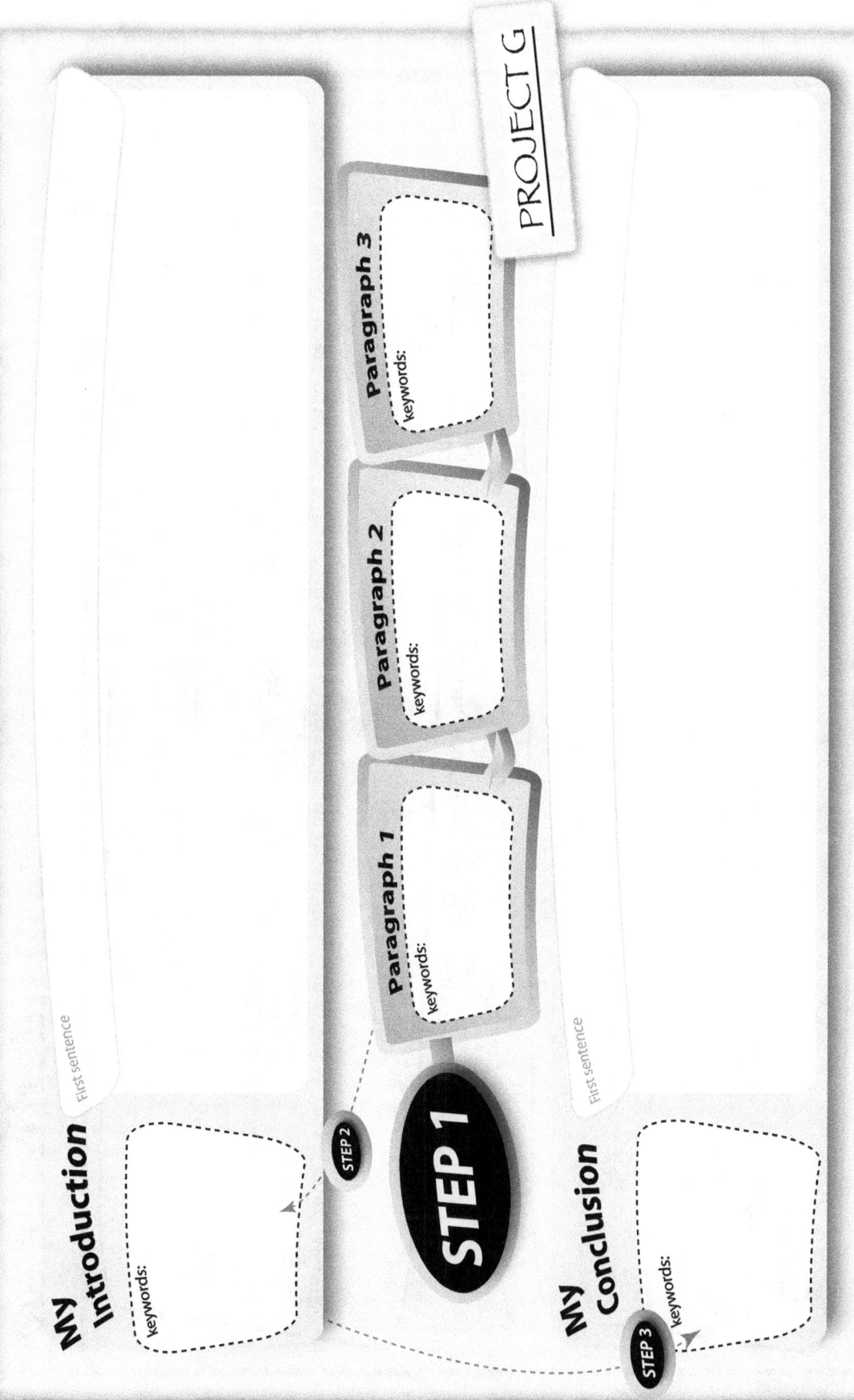

Five Paragraph Essay!

PROJECT H

Which paragraph is this?

CIRCLE: Introduction, Paragraph 1, Paragraph 2, Paragraph 3, or Conclusion

First sentence

Which paragraph is this?

CIRCLE: Introduction, Paragraph 1, Paragraph 2, Paragraph 3, or Conclusion

First sentence

PROJECT H

Five Paragraph Essay!

Which paragraph is this? **CIRCLE:** Introduction, Paragraph 1, Paragraph 2, Paragraph 3, or Conclusion

First sentence

Which paragraph is this? **CIRCLE:** Introduction, Paragraph 1, Paragraph 2, Paragraph 3, or Conclusion

First sentence

PROJECT H

Which paragraph is this? **CIRCLE:** Introduction, Paragraph 1, Paragraph 2, Paragraph 3, or Conclusion

First sentence:

Which paragraph is this? **CIRCLE:** Introduction, Paragraph 1, Paragraph 2, Paragraph 3, or Conclusion

First sentence:

Five Paragraph Essay!

PROJECT !

spoken content ↙

advice:

advice:

SLIDE 1 rough image

SLIDE 2 rough image

Computer Presentation Prep.

Use these sheets to prepare for and get advice for your presentation ideas!

PROJECT 1

spoken content ↙

advice:

advice:

SLIDE 3 rough image

SLIDE 4 rough image

Computer Presentation Prep.

Use these sheets to prepare for and get advice for your presentation ideas!

Computer Presentation Prep.

PROJECT !

spoken content ↙

SLIDE 5 rough image

advice:

SLIDE 6 rough image

advice:

Use these sheets to prepare for and get advice for your presentation ideas!

S/N

Name:

MY PRESENTATION!

Title:

Student Assessment Sheet

Name   S/N   Date:

Student Number	Name	A. ___	B. ___	C. ___	Content	/Best/Worst
_____	1 _____	1 2 3 4 5	1 2 3 4 5	1 2 3 4 5	_____	
_____	2 _____	1 2 3 4 5	1 2 3 4 5	1 2 3 4 5	_____	
_____	3 _____	1 2 3 4 5	1 2 3 4 5	1 2 3 4 5	_____	
_____	4 _____	1 2 3 4 5	1 2 3 4 5	1 2 3 4 5	_____	
_____	5 _____	1 2 3 4 5	1 2 3 4 5	1 2 3 4 5	_____	
_____	6 _____	1 2 3 4 5	1 2 3 4 5	1 2 3 4 5	_____	
_____	7 _____	1 2 3 4 5	1 2 3 4 5	1 2 3 4 5	_____	
_____	8 _____	1 2 3 4 5	1 2 3 4 5	1 2 3 4 5	_____	
_____	9 _____	1 2 3 4 5	1 2 3 4 5	1 2 3 4 5	_____	
_____	10 _____	1 2 3 4 5	1 2 3 4 5	1 2 3 4 5	_____	
_____	11 _____	1 2 3 4 5	1 2 3 4 5	1 2 3 4 5	_____	
_____	12 _____	1 2 3 4 5	1 2 3 4 5	1 2 3 4 5	_____	
_____	13 _____	1 2 3 4 5	1 2 3 4 5	1 2 3 4 5	_____	
_____	14 _____	1 2 3 4 5	1 2 3 4 5	1 2 3 4 5	_____	
_____	15 _____	1 2 3 4 5	1 2 3 4 5	1 2 3 4 5	_____	
_____	16 _____	1 2 3 4 5	1 2 3 4 5	1 2 3 4 5	_____	
_____	17 _____	1 2 3 4 5	1 2 3 4 5	1 2 3 4 5	_____	
_____	18 _____	1 2 3 4 5	1 2 3 4 5	1 2 3 4 5	_____	
_____	19 _____	1 2 3 4 5	1 2 3 4 5	1 2 3 4 5	_____	
_____	20 _____	1 2 3 4 5	1 2 3 4 5	1 2 3 4 5	_____	
_____	21 _____	1 2 3 4 5	1 2 3 4 5	1 2 3 4 5	_____	
_____	22 _____	1 2 3 4 5	1 2 3 4 5	1 2 3 4 5	_____	
_____	23 _____	1 2 3 4 5	1 2 3 4 5	1 2 3 4 5	_____	
_____	24 _____	1 2 3 4 5	1 2 3 4 5	1 2 3 4 5	_____	
_____	25 _____	1 2 3 4 5	1 2 3 4 5	1 2 3 4 5	_____	
_____	26 _____	1 2 3 4 5	1 2 3 4 5	1 2 3 4 5	_____	
_____	27 _____	1 2 3 4 5	1 2 3 4 5	1 2 3 4 5	_____	
_____	28 _____	1 2 3 4 5	1 2 3 4 5	1 2 3 4 5	_____	
_____	29 _____	1 2 3 4 5	1 2 3 4 5	1 2 3 4 5	_____	
_____	30 _____	1 2 3 4 5	1 2 3 4 5	1 2 3 4 5	_____	

Student Assessment Sheet 2

Name _____ S/N _____ Date: _____

Student Number	Name	A.	B.	C.	Content	/Best/Worst
_____	31 _____	1 2 3 4 5	1 2 3 4 5	1 2 3 4 5	_____	
_____	32 _____	1 2 3 4 5	1 2 3 4 5	1 2 3 4 5	_____	
_____	33 _____	1 2 3 4 5	1 2 3 4 5	1 2 3 4 5	_____	
_____	34 _____	1 2 3 4 5	1 2 3 4 5	1 2 3 4 5	_____	
_____	35 _____	1 2 3 4 5	1 2 3 4 5	1 2 3 4 5	_____	
_____	36 _____	1 2 3 4 5	1 2 3 4 5	1 2 3 4 5	_____	
_____	37 _____	1 2 3 4 5	1 2 3 4 5	1 2 3 4 5	_____	
_____	38 _____	1 2 3 4 5	1 2 3 4 5	1 2 3 4 5	_____	
_____	39 _____	1 2 3 4 5	1 2 3 4 5	1 2 3 4 5	_____	
_____	40 _____	1 2 3 4 5	1 2 3 4 5	1 2 3 4 5	_____	
_____	41 _____	1 2 3 4 5	1 2 3 4 5	1 2 3 4 5	_____	
_____	42 _____	1 2 3 4 5	1 2 3 4 5	1 2 3 4 5	_____	
_____	43 _____	1 2 3 4 5	1 2 3 4 5	1 2 3 4 5	_____	
_____	44 _____	1 2 3 4 5	1 2 3 4 5	1 2 3 4 5	_____	
_____	45 _____	1 2 3 4 5	1 2 3 4 5	1 2 3 4 5	_____	
_____	46 _____	1 2 3 4 5	1 2 3 4 5	1 2 3 4 5	_____	
_____	47 _____	1 2 3 4 5	1 2 3 4 5	1 2 3 4 5	_____	
_____	48 _____	1 2 3 4 5	1 2 3 4 5	1 2 3 4 5	_____	
_____	49 _____	1 2 3 4 5	1 2 3 4 5	1 2 3 4 5	_____	
_____	50 _____	1 2 3 4 5	1 2 3 4 5	1 2 3 4 5	_____	
_____	51 _____	1 2 3 4 5	1 2 3 4 5	1 2 3 4 5	_____	
_____	52 _____	1 2 3 4 5	1 2 3 4 5	1 2 3 4 5	_____	
_____	53 _____	1 2 3 4 5	1 2 3 4 5	1 2 3 4 5	_____	
_____	54 _____	1 2 3 4 5	1 2 3 4 5	1 2 3 4 5	_____	
_____	55 _____	1 2 3 4 5	1 2 3 4 5	1 2 3 4 5	_____	
_____	56 _____	1 2 3 4 5	1 2 3 4 5	1 2 3 4 5	_____	
_____	57 _____	1 2 3 4 5	1 2 3 4 5	1 2 3 4 5	_____	
_____	58 _____	1 2 3 4 5	1 2 3 4 5	1 2 3 4 5	_____	
_____	59 _____	1 2 3 4 5	1 2 3 4 5	1 2 3 4 5	_____	
_____	60 _____	1 2 3 4 5	1 2 3 4 5	1 2 3 4 5	_____	

MODULE 5

How to do the Projects:

1. Choose one or two projects from Projects A – Project D.
2. Use the projects to gain a deeper understanding of the themes from your module.
3. Work on paragraph design and paragraph writing with Projects E, F, G and H.
4. Design a computer-based presentation with Project I, or
5. Create a paper-based presentation using the "My Presentation!" pages.
6. Present to the class what you have learned!
7. Give each other grades. Choose the best presentations!

PROJECT B

HOT-COLD
BALL-GLOVE
PEOPLE-EARTH
FLY-SKY

Linguistic Connections

Feelings/Emotional Connections

Socio-Cultural Connections

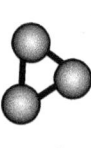

Tri-elemental Connections

Write about your tri-elemental connections from this module. Have fun!

PROJECT C

Linguistic Connections

Socio-Cultural Connections

Feelings/Emotional Connections

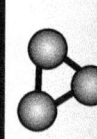

Tri-elemental Connections

Choose words from your word map. Draw images of the words. Draw new connections between them!

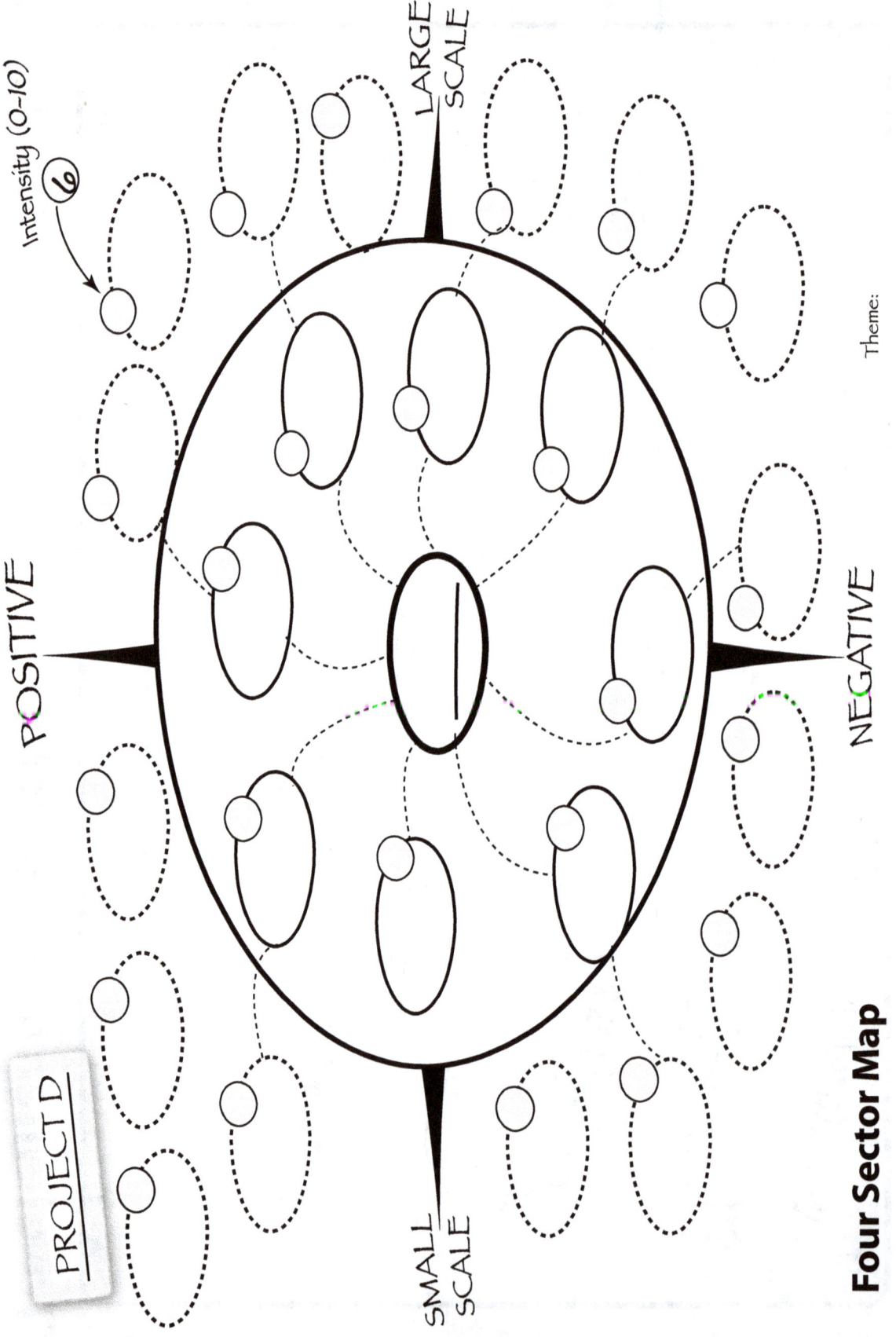

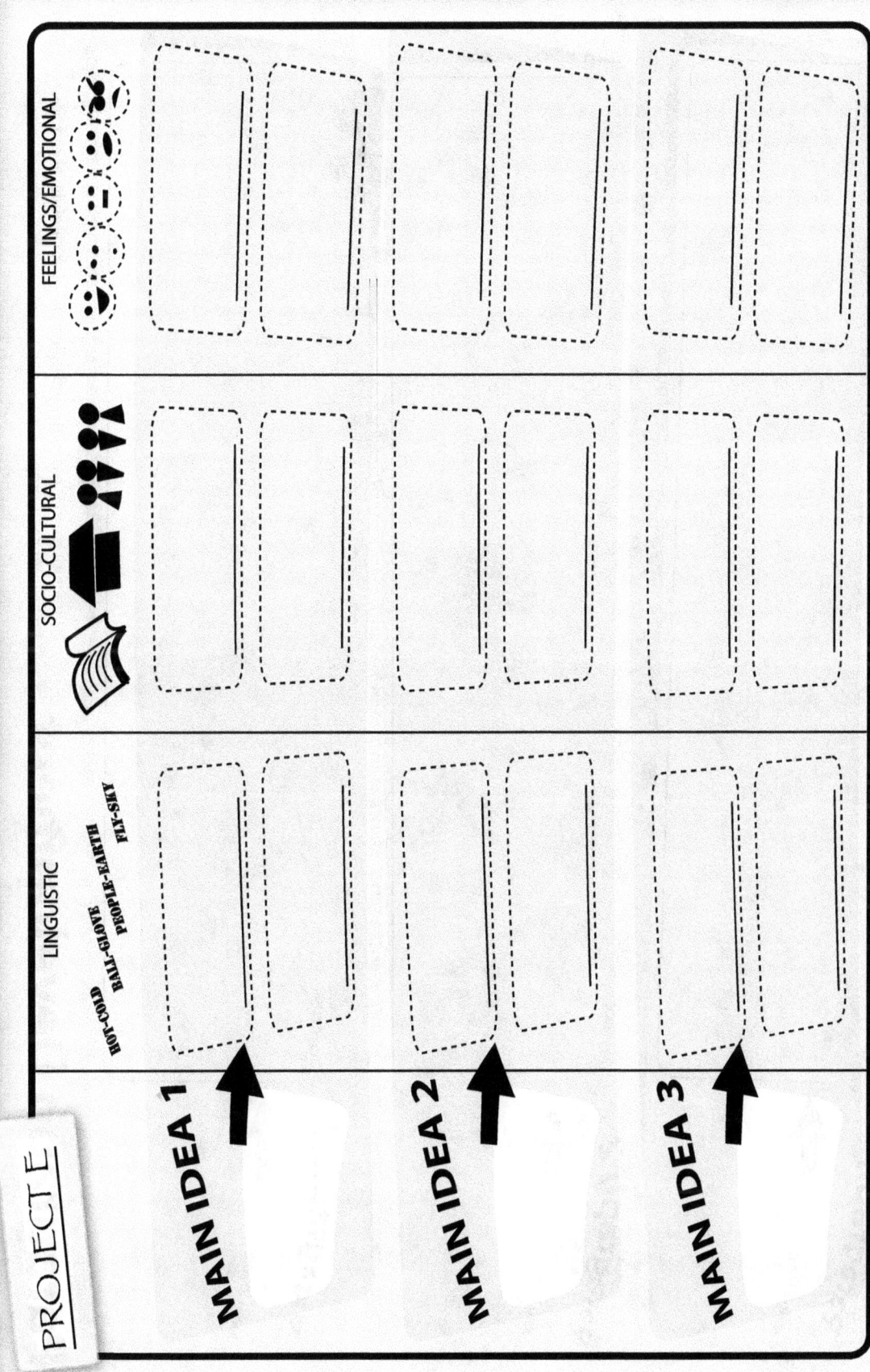

PROJECT F

paragraph 1

Main ideas:

First sentence

paragraph 2

Main ideas:

First sentence

paragraph 3

Main ideas:

First sentence

Paragraph Development

Write your main ideas in the left column. Think carefully about your first sentences. Complete each paragraph.

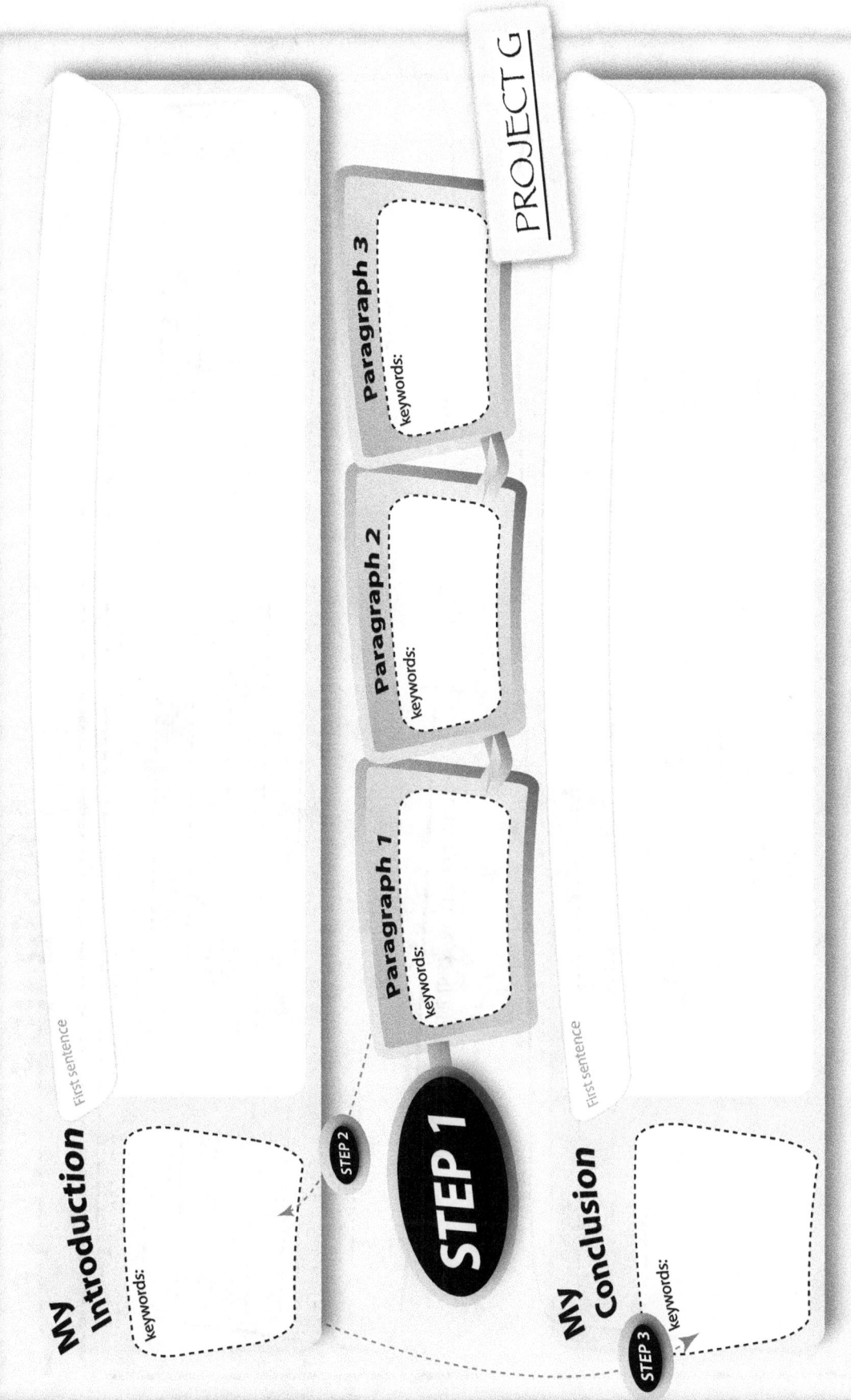

PROJECT H

Five Paragraph Essay!

Which paragraph is this?
CIRCLE: Introduction, Paragraph 1, Paragraph 2, Paragraph 3, or Conclusion

First sentence

Which paragraph is this?
CIRCLE: Introduction, Paragraph 1, Paragraph 2, Paragraph 3, or Conclusion

First sentence

Five Paragraph Essay!

PROJECT H

Which paragraph is this? **CIRCLE:** Introduction, Paragraph 1, Paragraph 2, Paragraph 3, or Conclusion

First sentence:

Which paragraph is this? **CIRCLE:** Introduction, Paragraph 1, Paragraph 2, Paragraph 3, or Conclusion

First sentence:

Five Paragraph Essay!

PROJECT H

Which paragraph is this? **CIRCLE:** Introduction, Paragraph 1, Paragraph 2, Paragraph 3, or Conclusion

First sentence:

Which paragraph is this? **CIRCLE:** Introduction, Paragraph 1, Paragraph 2, Paragraph 3, or Conclusion

First sentence:

PROJECT 1

spoken content

SLIDE 1 rough image

advice:

SLIDE 2 rough image

advice:

Computer Presentation Prep.

Use these sheets to prepare for and get advice for your presentation ideas!

PROJECT 1

spoken content

SLIDE 3 rough image

SLIDE 4 rough image

advice:

advice:

Computer Presentation Prep.

Use these sheets to prepare for and get advice for your presentation ideas!

Computer Presentation Prep.

Use these sheets to prepare for and get advice for your presentation ideas!

PROJECT !

spoken content ↙

SLIDE 5 rough image

advice:

SLIDE 6 rough image

advice:

S/N

Name:

MY PRESENTATION!

Title:

Student Assessment Sheet

Name _____ S/N _____ Date: _____

Student Number	Name	A. ___	B. ___	C. ___	Content	/Best/Worst
____	1 _____	1 2 3 4 5	1 2 3 4 5	1 2 3 4 5	_____	
____	2 _____	1 2 3 4 5	1 2 3 4 5	1 2 3 4 5	_____	
____	3 _____	1 2 3 4 5	1 2 3 4 5	1 2 3 4 5	_____	
____	4 _____	1 2 3 4 5	1 2 3 4 5	1 2 3 4 5	_____	
____	5 _____	1 2 3 4 5	1 2 3 4 5	1 2 3 4 5	_____	
____	6 _____	1 2 3 4 5	1 2 3 4 5	1 2 3 4 5	_____	
____	7 _____	1 2 3 4 5	1 2 3 4 5	1 2 3 4 5	_____	
____	8 _____	1 2 3 4 5	1 2 3 4 5	1 2 3 4 5	_____	
____	9 _____	1 2 3 4 5	1 2 3 4 5	1 2 3 4 5	_____	
____	10 _____	1 2 3 4 5	1 2 3 4 5	1 2 3 4 5	_____	
____	11 _____	1 2 3 4 5	1 2 3 4 5	1 2 3 4 5	_____	
____	12 _____	1 2 3 4 5	1 2 3 4 5	1 2 3 4 5	_____	
____	13 _____	1 2 3 4 5	1 2 3 4 5	1 2 3 4 5	_____	
____	14 _____	1 2 3 4 5	1 2 3 4 5	1 2 3 4 5	_____	
____	15 _____	1 2 3 4 5	1 2 3 4 5	1 2 3 4 5	_____	
____	16 _____	1 2 3 4 5	1 2 3 4 5	1 2 3 4 5	_____	
____	17 _____	1 2 3 4 5	1 2 3 4 5	1 2 3 4 5	_____	
____	18 _____	1 2 3 4 5	1 2 3 4 5	1 2 3 4 5	_____	
____	19 _____	1 2 3 4 5	1 2 3 4 5	1 2 3 4 5	_____	
____	20 _____	1 2 3 4 5	1 2 3 4 5	1 2 3 4 5	_____	
____	21 _____	1 2 3 4 5	1 2 3 4 5	1 2 3 4 5	_____	
____	22 _____	1 2 3 4 5	1 2 3 4 5	1 2 3 4 5	_____	
____	23 _____	1 2 3 4 5	1 2 3 4 5	1 2 3 4 5	_____	
____	24 _____	1 2 3 4 5	1 2 3 4 5	1 2 3 4 5	_____	
____	25 _____	1 2 3 4 5	1 2 3 4 5	1 2 3 4 5	_____	
____	26 _____	1 2 3 4 5	1 2 3 4 5	1 2 3 4 5	_____	
____	27 _____	1 2 3 4 5	1 2 3 4 5	1 2 3 4 5	_____	
____	28 _____	1 2 3 4 5	1 2 3 4 5	1 2 3 4 5	_____	
____	29 _____	1 2 3 4 5	1 2 3 4 5	1 2 3 4 5	_____	
____	30 _____	1 2 3 4 5	1 2 3 4 5	1 2 3 4 5	_____	

Student Assessment Sheet 2

Name _____ S/N _____ Date: _____

Student Number	Name	A. ___	B. ___	C. ___	Content	/Best/Worst
_____	31 _____	1 2 3 4 5	1 2 3 4 5	1 2 3 4 5	_____	
_____	32 _____	1 2 3 4 5	1 2 3 4 5	1 2 3 4 5	_____	
_____	33 _____	1 2 3 4 5	1 2 3 4 5	1 2 3 4 5	_____	
_____	34 _____	1 2 3 4 5	1 2 3 4 5	1 2 3 4 5	_____	
_____	35 _____	1 2 3 4 5	1 2 3 4 5	1 2 3 4 5	_____	
_____	36 _____	1 2 3 4 5	1 2 3 4 5	1 2 3 4 5	_____	
_____	37 _____	1 2 3 4 5	1 2 3 4 5	1 2 3 4 5	_____	
_____	38 _____	1 2 3 4 5	1 2 3 4 5	1 2 3 4 5	_____	
_____	39 _____	1 2 3 4 5	1 2 3 4 5	1 2 3 4 5	_____	
_____	40 _____	1 2 3 4 5	1 2 3 4 5	1 2 3 4 5	_____	
_____	41 _____	1 2 3 4 5	1 2 3 4 5	1 2 3 4 5	_____	
_____	42 _____	1 2 3 4 5	1 2 3 4 5	1 2 3 4 5	_____	
_____	43 _____	1 2 3 4 5	1 2 3 4 5	1 2 3 4 5	_____	
_____	44 _____	1 2 3 4 5	1 2 3 4 5	1 2 3 4 5	_____	
_____	45 _____	1 2 3 4 5	1 2 3 4 5	1 2 3 4 5	_____	
_____	46 _____	1 2 3 4 5	1 2 3 4 5	1 2 3 4 5	_____	
_____	47 _____	1 2 3 4 5	1 2 3 4 5	1 2 3 4 5	_____	
_____	48 _____	1 2 3 4 5	1 2 3 4 5	1 2 3 4 5	_____	
_____	49 _____	1 2 3 4 5	1 2 3 4 5	1 2 3 4 5	_____	
_____	50 _____	1 2 3 4 5	1 2 3 4 5	1 2 3 4 5	_____	
_____	51 _____	1 2 3 4 5	1 2 3 4 5	1 2 3 4 5	_____	
_____	52 _____	1 2 3 4 5	1 2 3 4 5	1 2 3 4 5	_____	
_____	53 _____	1 2 3 4 5	1 2 3 4 5	1 2 3 4 5	_____	
_____	54 _____	1 2 3 4 5	1 2 3 4 5	1 2 3 4 5	_____	
_____	55 _____	1 2 3 4 5	1 2 3 4 5	1 2 3 4 5	_____	
_____	56 _____	1 2 3 4 5	1 2 3 4 5	1 2 3 4 5	_____	
_____	57 _____	1 2 3 4 5	1 2 3 4 5	1 2 3 4 5	_____	
_____	58 _____	1 2 3 4 5	1 2 3 4 5	1 2 3 4 5	_____	
_____	59 _____	1 2 3 4 5	1 2 3 4 5	1 2 3 4 5	_____	
_____	60 _____	1 2 3 4 5	1 2 3 4 5	1 2 3 4 5	_____	

MODULE 6
How to do the Projects:

1. Choose one or two projects from Projects A – Project D.
2. Use the projects to gain a deeper understanding of the themes from your module.
3. Work on paragraph design and paragraph writing with Projects E, F, G and H.
4. Design a computer-based presentation with Project I, or
5. Create a paper-based presentation using the "My Presentation!" pages.
6. Present to the class what you have learned!
7. Give each other grades. Choose the best presentations!

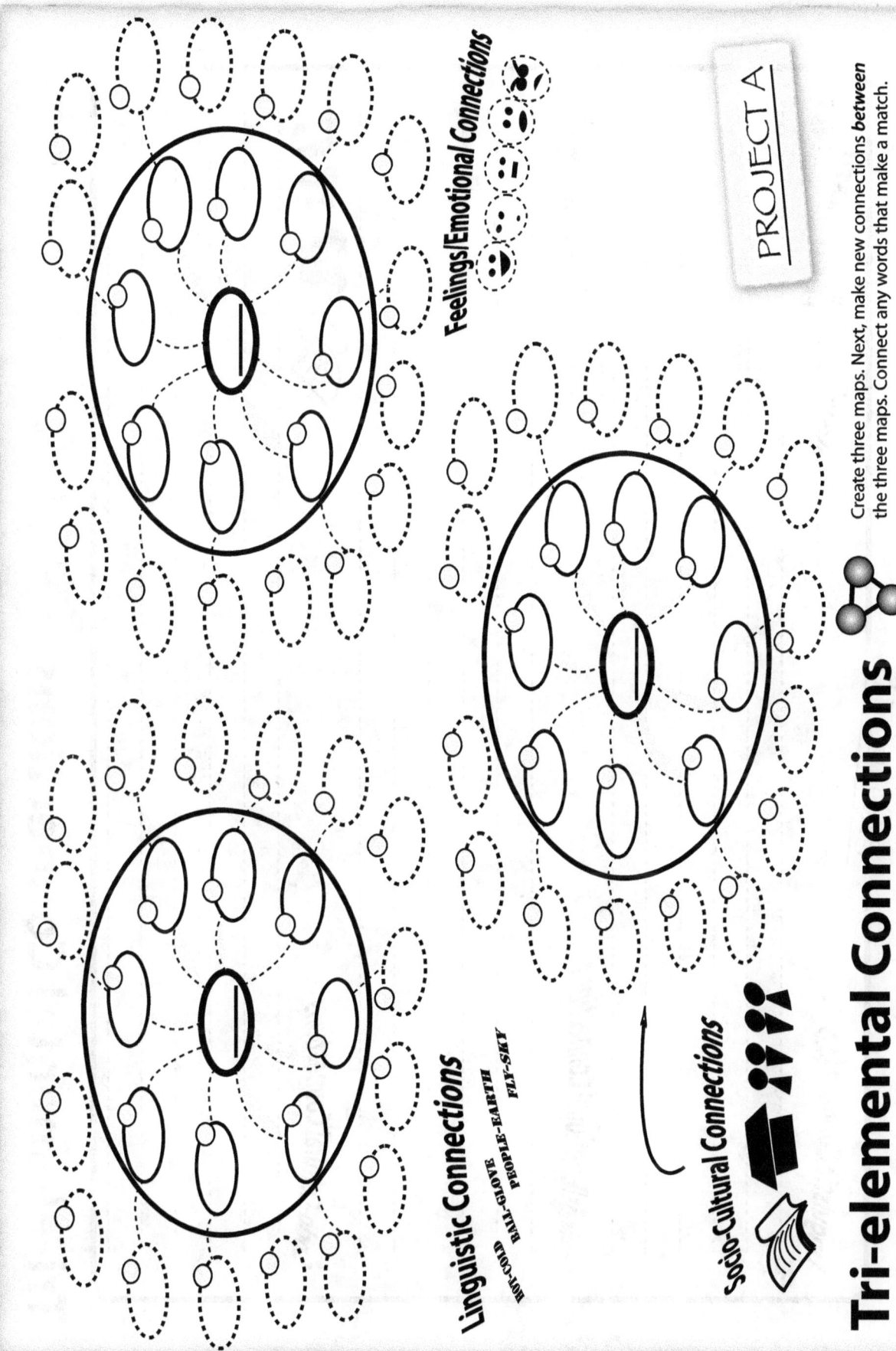

PROJECT B

HOT-COLD
BALL-GLOVE
PEOPLE-EARTH
FLY-SKY

Linguistic Connections

- -
- -
- -
- -

Feelings/Emotional Connections

- -
- -
- -
- -

Socio-Cultural Connections

- -
- -
- -
- -

Tri-elemental Connections

Write about your tri-elemental connections from this module. Have fun!

PROJECT C

Linguistic Connections

Socio-Cultural Connections

Feelings/Emotional Connections

Tri-elemental Connections

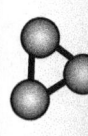

Choose words from your word map. Draw images of the words. Draw new connections between them!

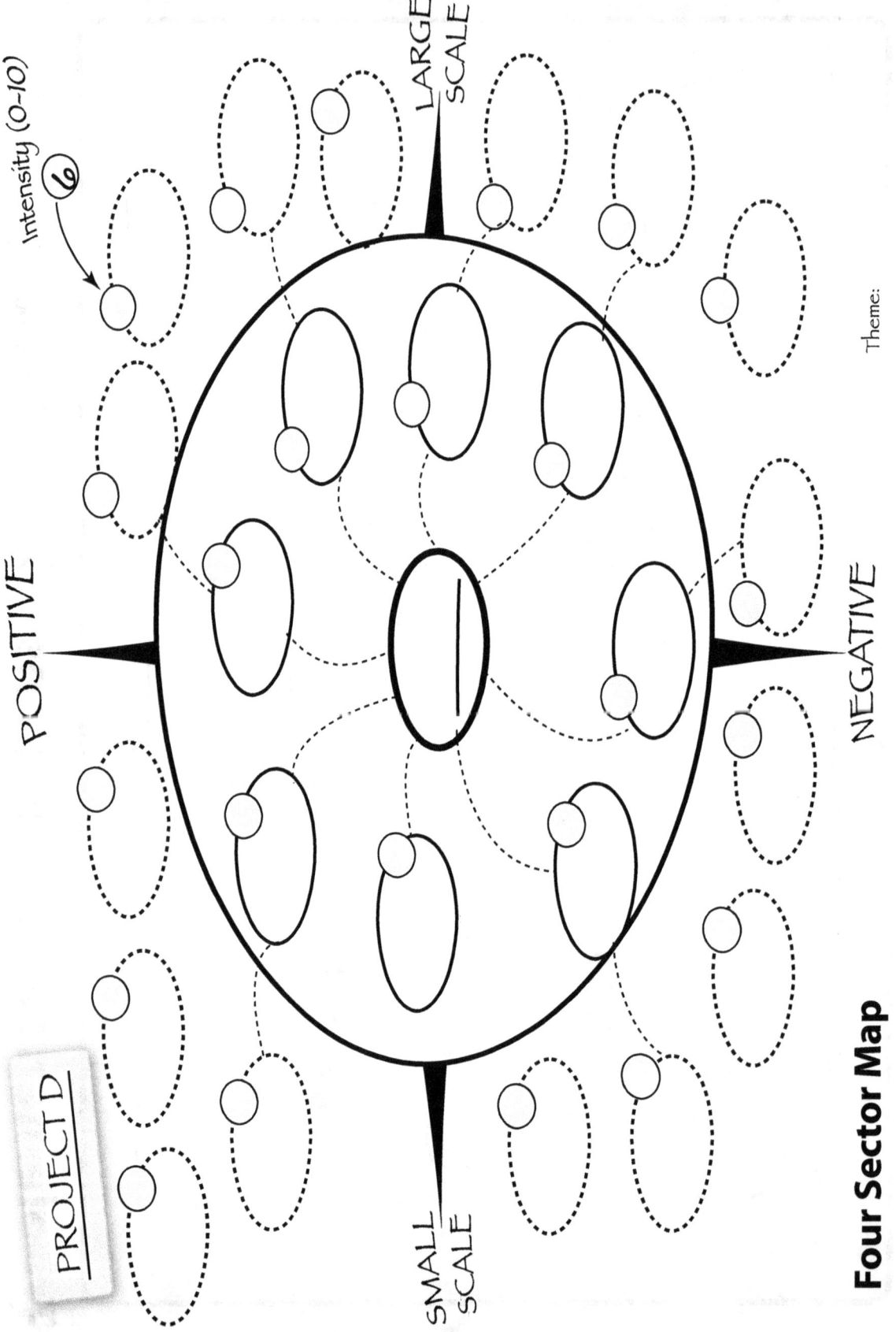

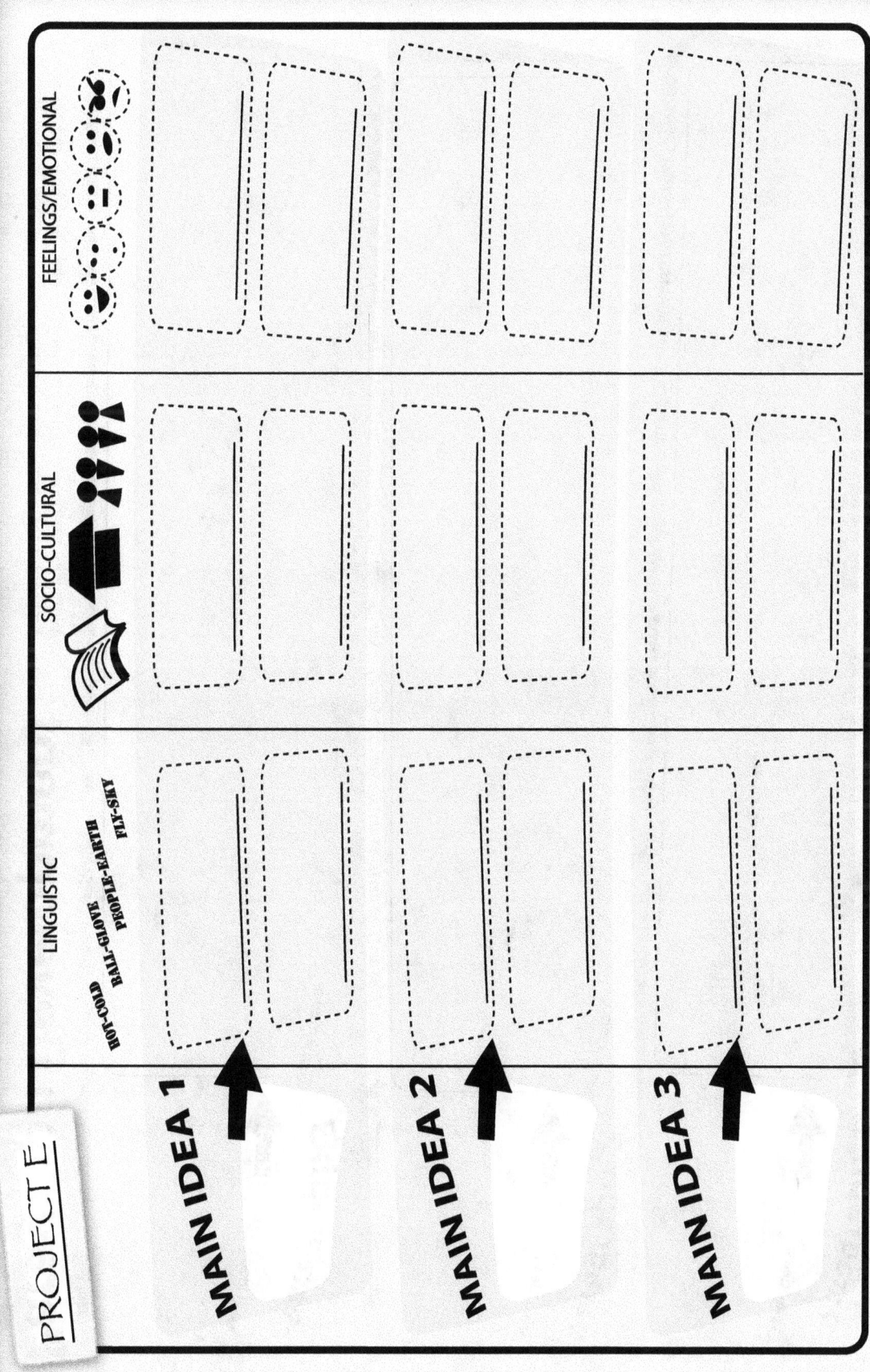

PROJECT F

Paragraph 1
Main ideas:
First sentence →

Paragraph 2
Main ideas:
First sentence →

Paragraph 3
Main ideas:
First sentence →

Paragraph Development

Write your main ideas in the left column. Think carefully about your first sentences. Complete each paragraph.

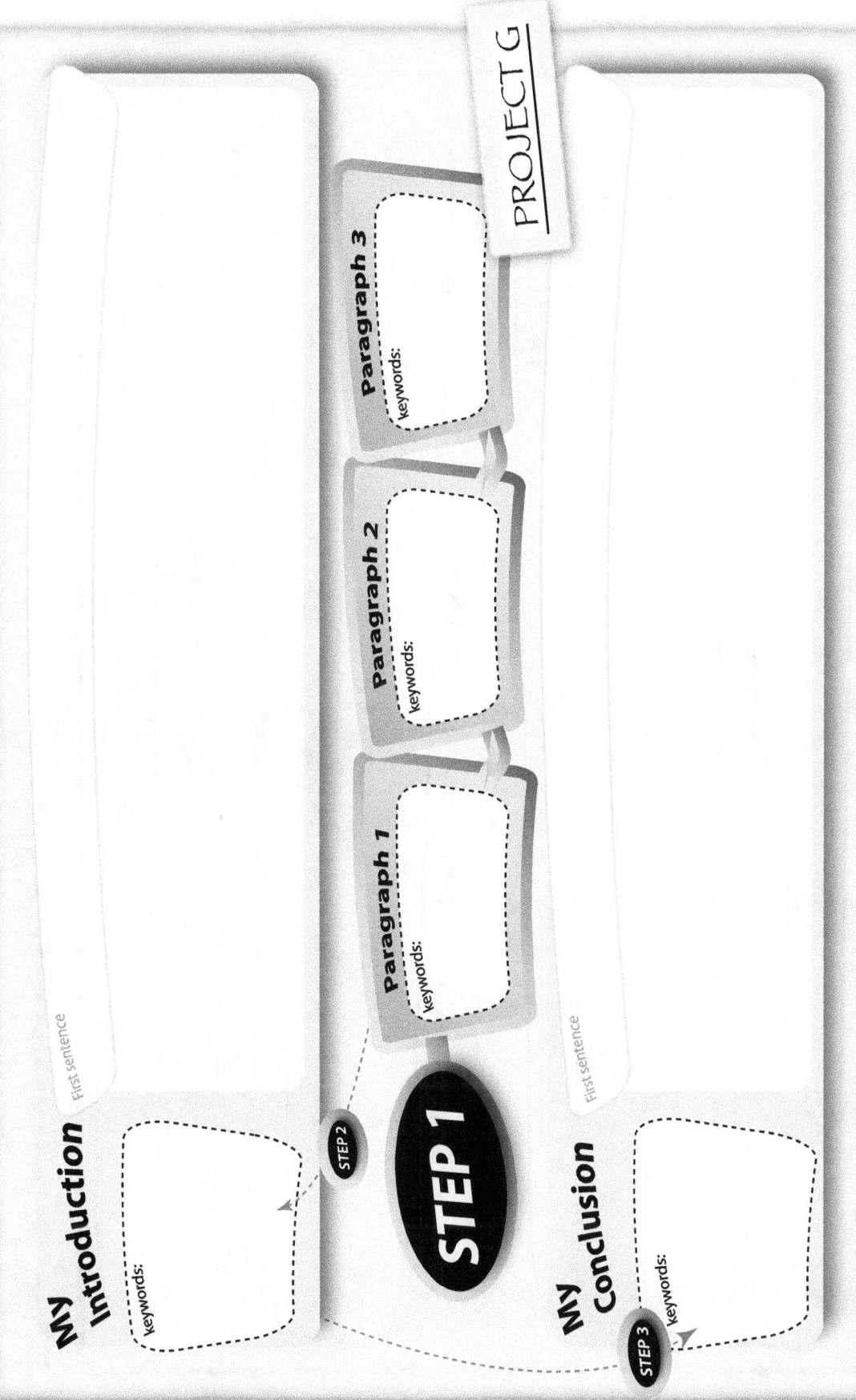

Five Paragraph Essay!

PROJECT H

Which paragraph is this?

CIRCLE: Introduction, Paragraph 1, Paragraph 2, Paragraph 3, or Conclusion

First sentence

Which paragraph is this?

CIRCLE: Introduction, Paragraph 1, Paragraph 2, Paragraph 3, or Conclusion

First sentence

Five Paragraph Essay!

PROJECT H

Which paragraph is this?
CIRCLE: Introduction, Paragraph 1, Paragraph 2, Paragraph 3, or Conclusion

First sentence

Which paragraph is this?
CIRCLE: Introduction, Paragraph 1, Paragraph 2, Paragraph 3, or Conclusion

First sentence

PROJECT H

Which paragraph is this?

CIRCLE: Introduction, Paragraph 1, Paragraph 2, Paragraph 3, or Conclusion

First sentence

Which paragraph is this?

CIRCLE: Introduction, Paragraph 1, Paragraph 2, Paragraph 3, or Conclusion

First sentence

Five Paragraph Essay!

PROJECT 1

spoken content ↙

advice:

advice:

SLIDE 1 rough image

SLIDE 2 rough image

Computer Presentation Prep.

Use these sheets to prepare for and get advice for your presentation ideas!

PROJECT 1

spoken content ↙

SLIDE 3 — rough image

advice:

SLIDE 4 — rough image

advice:

Computer Presentation Prep.

Use these sheets to prepare for and get advice for your presentation ideas!

PROJECT 1

spoken content ↙

SLIDE 5 — rough image

advice:

SLIDE 6 — rough image

advice:

Computer Presentation Prep.

Use these sheets to prepare for and get advice for your presentation ideas!

S/N

Name:

MY PRESENTATION!

Title:

Student Assessment Sheet

Name   S/N   Date:

Student Number	Name	A. ___	B. ___	C. ___	Content	/Best/Worst
___	1 ___	1 2 3 4 5	1 2 3 4 5	1 2 3 4 5	___	
___	2 ___	1 2 3 4 5	1 2 3 4 5	1 2 3 4 5	___	
___	3 ___	1 2 3 4 5	1 2 3 4 5	1 2 3 4 5	___	
___	4 ___	1 2 3 4 5	1 2 3 4 5	1 2 3 4 5	___	
___	5 ___	1 2 3 4 5	1 2 3 4 5	1 2 3 4 5	___	
___	6 ___	1 2 3 4 5	1 2 3 4 5	1 2 3 4 5	___	
___	7 ___	1 2 3 4 5	1 2 3 4 5	1 2 3 4 5	___	
___	8 ___	1 2 3 4 5	1 2 3 4 5	1 2 3 4 5	___	
___	9 ___	1 2 3 4 5	1 2 3 4 5	1 2 3 4 5	___	
___	10 ___	1 2 3 4 5	1 2 3 4 5	1 2 3 4 5	___	
___	11 ___	1 2 3 4 5	1 2 3 4 5	1 2 3 4 5	___	
___	12 ___	1 2 3 4 5	1 2 3 4 5	1 2 3 4 5	___	
___	13 ___	1 2 3 4 5	1 2 3 4 5	1 2 3 4 5	___	
___	14 ___	1 2 3 4 5	1 2 3 4 5	1 2 3 4 5	___	
___	15 ___	1 2 3 4 5	1 2 3 4 5	1 2 3 4 5	___	
___	16 ___	1 2 3 4 5	1 2 3 4 5	1 2 3 4 5	___	
___	17 ___	1 2 3 4 5	1 2 3 4 5	1 2 3 4 5	___	
___	18 ___	1 2 3 4 5	1 2 3 4 5	1 2 3 4 5	___	
___	19 ___	1 2 3 4 5	1 2 3 4 5	1 2 3 4 5	___	
___	20 ___	1 2 3 4 5	1 2 3 4 5	1 2 3 4 5	___	
___	21 ___	1 2 3 4 5	1 2 3 4 5	1 2 3 4 5	___	
___	22 ___	1 2 3 4 5	1 2 3 4 5	1 2 3 4 5	___	
___	23 ___	1 2 3 4 5	1 2 3 4 5	1 2 3 4 5	___	
___	24 ___	1 2 3 4 5	1 2 3 4 5	1 2 3 4 5	___	
___	25 ___	1 2 3 4 5	1 2 3 4 5	1 2 3 4 5	___	
___	26 ___	1 2 3 4 5	1 2 3 4 5	1 2 3 4 5	___	
___	27 ___	1 2 3 4 5	1 2 3 4 5	1 2 3 4 5	___	
___	28 ___	1 2 3 4 5	1 2 3 4 5	1 2 3 4 5	___	
___	29 ___	1 2 3 4 5	1 2 3 4 5	1 2 3 4 5	___	
___	30 ___	1 2 3 4 5	1 2 3 4 5	1 2 3 4 5	___	

Student Assessment Sheet 2

Name _____ S/N _____ Date: _____

Student Number	Name	A. _____	B. _____	C. _____	Content	/Best/Worst
_____	31 _____	1 2 3 4 5	1 2 3 4 5	1 2 3 4 5		_____
_____	32 _____	1 2 3 4 5	1 2 3 4 5	1 2 3 4 5		_____
_____	33 _____	1 2 3 4 5	1 2 3 4 5	1 2 3 4 5		_____
_____	34 _____	1 2 3 4 5	1 2 3 4 5	1 2 3 4 5		_____
_____	35 _____	1 2 3 4 5	1 2 3 4 5	1 2 3 4 5		_____
_____	36 _____	1 2 3 4 5	1 2 3 4 5	1 2 3 4 5		_____
_____	37 _____	1 2 3 4 5	1 2 3 4 5	1 2 3 4 5		_____
_____	38 _____	1 2 3 4 5	1 2 3 4 5	1 2 3 4 5		_____
_____	39 _____	1 2 3 4 5	1 2 3 4 5	1 2 3 4 5		_____
_____	40 _____	1 2 3 4 5	1 2 3 4 5	1 2 3 4 5		_____
_____	41 _____	1 2 3 4 5	1 2 3 4 5	1 2 3 4 5		_____
_____	42 _____	1 2 3 4 5	1 2 3 4 5	1 2 3 4 5		_____
_____	43 _____	1 2 3 4 5	1 2 3 4 5	1 2 3 4 5		_____
_____	44 _____	1 2 3 4 5	1 2 3 4 5	1 2 3 4 5		_____
_____	45 _____	1 2 3 4 5	1 2 3 4 5	1 2 3 4 5		_____
_____	46 _____	1 2 3 4 5	1 2 3 4 5	1 2 3 4 5		_____
_____	47 _____	1 2 3 4 5	1 2 3 4 5	1 2 3 4 5		_____
_____	48 _____	1 2 3 4 5	1 2 3 4 5	1 2 3 4 5		_____
_____	49 _____	1 2 3 4 5	1 2 3 4 5	1 2 3 4 5		_____
_____	50 _____	1 2 3 4 5	1 2 3 4 5	1 2 3 4 5		_____
_____	51 _____	1 2 3 4 5	1 2 3 4 5	1 2 3 4 5		_____
_____	52 _____	1 2 3 4 5	1 2 3 4 5	1 2 3 4 5		_____
_____	53 _____	1 2 3 4 5	1 2 3 4 5	1 2 3 4 5		_____
_____	54 _____	1 2 3 4 5	1 2 3 4 5	1 2 3 4 5		_____
_____	55 _____	1 2 3 4 5	1 2 3 4 5	1 2 3 4 5		_____
_____	56 _____	1 2 3 4 5	1 2 3 4 5	1 2 3 4 5		_____
_____	57 _____	1 2 3 4 5	1 2 3 4 5	1 2 3 4 5		_____
_____	58 _____	1 2 3 4 5	1 2 3 4 5	1 2 3 4 5		_____
_____	59 _____	1 2 3 4 5	1 2 3 4 5	1 2 3 4 5		_____
_____	60 _____	1 2 3 4 5	1 2 3 4 5	1 2 3 4 5		_____

www.ingramcontent.com/pod-product-compliance
Lightning Source LLC
Chambersburg PA
CBHW080403170426
43193CB00016B/2798